SOCIÉTÉ
DES
ANCIENS TEXTES FRANÇAIS

MIRACLES DE NOSTRE DAME

Le Puy, imprimerie de Marchessou fils, boulevard Saint-Laurent, 23

MIRACLES
DE
NOSTRE DAME
PAR PERSONNAGES

PUBLIÉS D'APRÈS LE MANUSCRIT DE LA BIBLIOTHÈQUE NATIONALE

PAR

Gaston PARIS & Ulysse ROBERT

TOME V

PARIS
LIBRAIRIE DE FIRMIN DIDOT ET Cie
56, RUE JACOB, 56

M DCCC LXXX

Publication proposée à la Société le 24 novembre 1876.

Approuvée par le Conseil le 9 mars 1876 sur le rapport d'une commission composée de MM. Meyer, Michelant et de Queux de Saint-Hilaire.

Commissaire responsable :
M. MICHELANT.

XXIX

MIRACLE

DE

LA FILLE DU ROY DE HONGRIE

PERSONNAGES

Le conte
Le roy de Hongrie
Premier chevalier
Deuxiesme chevalier
Remon
Le pape
Le premier cardinal
Deuxiesme cardinal
La fille royne
Le premier sergent
Deuxiesme sergent
Le bourrel
Le prevost
Le roy d'Escosse
Lembert, escuier
Le premier chevalier d'Escosse
Deuxiesme chevalier d'Escosse
Le heraut
La première damoiselle
Deuxiesme damoiselle
Godefroy
Le secretaire
Nostre Dame
Dieu
Premier ange, Gabriel
Deuxiesme ange, Michel
Le senateur
La femme du senateur
Godeman, escuier
L'enfant
Colin, le clerc
Le chapellain

Cy conmence un miracle de Nostre Dame, conment la fille du roy de Hongrie se copa la main pour ce que son pére la vouloit espouser, et un esturgon la garda set ans en sa mulete. 84 a

LE CONTE

SIRE roys, a nous entendez :
Que pensez vous? Trop attendez
A marier, si com me semble
Et a touz voz barons ensemble.
Regardez ou femme truissiez 5
A qui hoir masle avoir puissiez :
 Il appartient.
  PREMIER CHEVALIER
Il dit voir, sire, il esconvient.
Estre pieça le deussiez,
Afin q'un filz nous laississiez 10
Qui tenist après vous la terre,
Et qui nous deffendist de guerre,
 S'estoit besoing.
  LE ROY
Seigneurs, sachiez ne près ne loing
Femme nulle n'espouseray, 15
Se telle n'est com vous diray :
Que semblable soit a ma femme
Trespassée (dont Diex ait l'ame!),
De maniére, de sens, de vis;

20 Car je li juray et plevis
    Que ja femme n'espouseroie
    Ne ma compaigne n'en feroye,
    S'elle n'estoit de sa semblance,
    De son sens et de sa puissance;
25 Et s'une telle point savez,
    Hardiement la me mandez :
        Je la prendray.
            LE CONTE
    Sire, je vous y respondray :
    Vous nous parlez cy d'un affaire
30 Tel qu'il ne se peut pas bien faire,
    C'on vous puist trouver une femme
    De biauté ressamblant ma dame,
    De façon et de meurs aussy.
    Deportez vous de ce point cy,
35 Car on n'en pourroit recouvrer;
    Et ou la pourroit on trouver?
        Je ne scé, voir.
            LE ROY
    Conte, je vous fas assavoir,
    Puis que j'en ay fait serement,
40 Je le tenray certainement,
        Conment qu'il aille.
            LE CONTE
    Puis qu'il vous plaist, vaille que vaille,
        Je m'en tairay.

            DEUXIESME CHEVALIER
    Or nous traions ça; j'en diray
45 A vous deux ce que bon m'en semble.
    Autre foiz, vous et moy, ensemble
    L'avons nous de marier point,
    Dont il nous dit tout en ce point
    Con maintenant response avez;
50 Et dès lors nous deux, ce savez,

Envoyasmes par le pays
Telz qui ne sont folz n'esbahys,
Qui ont esté en mainte terre
Pour demander et pour enquerre
S'il peussent femme trouver 55
C'on peust ressamblant prouver
A la royne trespassée.
Longue saison a ja passée,
Et n'ont fait rien.

Premier chevalier

Vous dites voir, je le sçay bien : 60
C'est chose aussi qui ne peut estre.
Brief, il nous y fault conseil mettre
Par quelque voye.

Le conte

Il esconvient c'on y pourvoie :
Ce seroit a nous grant meschief 65
S'il mouroit et fussions sanz chief
Et sanz hoir venu de son corps.
A mettre y conseil bien m'accors,
Ains que plus tarde.

Deuxiesme chevalier

Seigneurs, vezci que je regarde : 70
Sa fille est assez sage et belle,
Et si est ja grant damoiselle;
De meurs ressamble et de faiture
A sa mére miex que painture.
Qui li conseilleroit a prendre, 75
En feroit il ore a reprendre
Trop malement?

Premier chevalier

Je croy que non, certainement,
Mais que Diex ne s'en courrouçast
Et qu'aussi dire on li osast. 80
Qui li dira?

LE CONTE

Je sui celui qui le fera
Hardiement, par sainte Crois!
Ralons nous ent a li touz trois :
85 Si orrez conment parleray.

Sire, sire, je vous diray :
Nulle part trouver ne pouons
Femme pour vous; et si avons
Fait cerchier jusques oultre mer,
90 Qui que nous en doye blamer.
Et puis qu'avoir ne voulez femme
S'elle ne ressemble ma dame
Et qu'en touz cas soit sa pareille,
Je vous lo (mais que Dieu le vueille
95 Et sainte eglise s'i consente)
Que vostre fille, qui est gente
Damoiselle et assez d'aage,
Prenez, voire, par mariage;
Car plus n'en savons qui ressemble
100 La royne : si qu'il nous semble
Qu'ainsi le fault.

LE ROY

Seigneurs, ains que par mon deffault
Mon regne sanz hoir demourast
Ne qu'estrange roy s'i boutast,
105 Je feroye ce que vous dites.
Si croy je que pieça n'oistes
Parler de fille femme a pére;
Et nonpourquant, mais qu'il m'appére
Que du pape en aie l'ottroy,
110 A la prendre a femme m'ottroy
Sanz contredit.

PREMIER CHEVALIER

Or avant : puis qu'il a ce dit,
Il ne nous fault qu'un homme sage

Qui face au pape ce message
    Tost et ysnel. 115
      Deuxiesme chevalier
J'en bailleray un bon et bel
Et sage assez, a un mot court;
Et si scet l'estat de la court
    De par dela.
      Le conte
Faites le nous venir, or ça: 120
    Je vous em pri.
      Premier chevalier
Je le vois querre sanz detry.
Remond, je vous truis bien a point :
Venez vous en, sanz tarder point,
    Avecques moy. 125
      Remon
Voulentiers, mon seigneur, par foy.
Mais quelle part ne pour quoy faire?
Est nul qui me vueille meffaire?
    Dites me voir.
      Deuxiesme chevalier
Remon, je vous fas assavoir 130
Pour vostre prouffit vous vien querre.
Venez ent avec moy bonne erre.
Vezci celui que dit vous ay,
Seigneurs; dites li sanz delay
    Qu'avez a faire. 135
      Le conte
Il fault, mon ami debonnaire,
Que pour le roy au pape alez;
Et faites tant qu'a li parlez :
Si li direz du roy conment
Il a voué que nullement 140
Femme n'ara par mariage,
Se ressamblant n'est de corsage
A celle qu'il ot espousée

Ja pieça, qui est trespassée ;
145 Et conment, par mer et par terre,
Ses gens ont fait cerchier et querre,
Et si n'en treuve on point de telle
Fors une fille qu'il a bele ;
Qu'il consente qu'il ait a femme
150 Ceste fille, puis qu'autre dame
Ne peut on nulle part trouver
C'on puist si ressamblant prouver
A la royne devant dite,
Ne de quoy soit de son veu quitte
155 Si bien con de sa fille avoir :
Or en faites vostre devoir.
Vezci la supplicacion
Qui contient nostre entencion.
  Amis, alez.

REMON

160 Mes seigneurs, plus ne m'en parlez,
J'en feray quanque je pourray.
A Dieu touz vous conmanderay.

Dès maintenant me met a voie.
Diex et ma dame sainte Avoye
165 Me doint grace, quant je venray
Au pape et li supplieray,
Que ma supplicacion passe,
Et la besongne du roy face :
S'aray bien mon temps emploié.
170 Mon sens fault estre desploié.
Puis que la voy estre saint pére,
Il fault que devant li m'appére,
Sanz moy plus mettre en negligence.

A vostre sainte reverence
175 Soit honneur, tressaint pére, faite !
Oir vous plaise une requeste

Que faire entens.
Le pape
S'escripte l'as, si la me tens
Sanz plus riens dire.
Remon
Oïl, je l'ay. Tenez, chier sire, 180
Et la veez.
Le pape
Biaux seigneurs, ne me deveez
Conseil; vezci : une grant chose
Ceste requeste cy propose :
Le roy de Hongrie une femme 185
Ot ja pieça (dont Diex ait l'ame!)
Qui morte est. Le roy veu fait a
Que jamais plus femme n'ara,
Se ressamblant n'est la premiére
De façon, de corps, de maniére. 190
Or ne la peut on trouver tele;
Mais quoy? une fille a de celle
Qui trespassée est, ce me semble,
Qui sa mére en touz cas ressemble,
Qu'il me requiert a femme prendre. 195
Ce peut il faire sanz mesprendre
Contre la foy?
Le premier cardinal
Je vous respons, quant est de moy,
Il n'est pas personne conmune
En tant conme il est roy, c'est une; 200
Ains est un homme singulier,
Si que a tel pot tel cuillier.
Je tien qu'il duit bien c'on li face
Plus qu'a homme d'autre estat grace;
Et vous qu'en dites? 205
Deuxiesme cardinal
Pour estre miex de son veu quittes
Peut on ottrier sa demande;

Mais une autre chose demande :
Amis, a il, faites m'en sage,
Plus d'enfanz nez en mariage
    Que la fillette?
        REMON
Nanil, et c'est ce qui dehaite
Le peuple et met en grant soussi;
Car, sire, s'il mouroit ainsi
Sanz avoir masle hoir de son corps,
Meschiez, annuiz, guerrez, descors
Entre le peuple et les seigneurs
Se mouveroient, les greigneurs
    Que vous sachiez.
        DEUXIESME CARDINAL
Je lo donc que vous li faciez,
Saint pére, ce qu'il vous requiert,
Puis que vostre licence quiert
    Du mariage.
        PREMIER CARDINAL
Vous avez droit, sire, aussi fas ge;
C'est du miex, a bien regarder,
Tant pour le veu qu'a fait garder
Conme pour faire son devoir,
S'a Dieu plaist, de lignie avoir
Qui le peuple gart et deffende
Qu'estrange seigneur ne l'offende
    Ne ne mefface.
        LE PAPE
Or soit fait. Et, sanz plus d'espace,
Je vueil que vous le delivrez
Et de ce bulle li livrez,
    Que je le vueil.
        DEUXIESME CARDINAL
Sire, je feray vostre vueil.
Amis, le saint pére gracies,
Et prenant congié le mercies

85 d

Sanz detriance.
REMON
Saint pére, Dieu, par sa puissance, 240
Vous ottroit longue et bonne vie,
Et vous vueille de male envie
   Aussi deffendre!
LE PAPE
La beneiçon Dieu descendre
Puist sur toy! la moie te doing. 245
Amis, or va, pren cure et soing
   De ton retour.
DEUXIESME CARDINAL
Alons men la en ce destour,
Amis : je t'y deliverray,
Et ta bulle te liverray. 250
   Or tien, va t'en.
REMON
Sire, Dieu vous mette en bon an!
Par vostre congié m'en iray.

Or sçay je bien ne fineray
Tant que je resoie en Hongrie. 255
Mais qu'essoinne ne me destrie,
G'y pense assez briément a estre;
Car a errer lié me fait mettre
Ce que bonnes nouvelles porte.
C'est fait. Je voi de cy la porte 260
Ouverte du manoir le roy :
Bouter me vueil ens sanz desroy,
Combien que soie traveilliez.

Mes seigneurs, touz vous face liez
   Dieu de lassus! 265
DEUXIESME CHEVALIER
Remon, bien veignant! liéve sus.
   Quelles nouvelles?

Remon

Quelles, sire? bonnes et belles.
Vezci de quoy.

Le conte

270 Traions nous ça plus a recoy,
Et veons que c'est. C'est latin.
Tenez ; nient plus qu'un viel matin *86 a*
N'y congnois rien.

Le premier chevalier

Ça, ça ! je le vous diray bien,
275 Mais qu'un po l'aie pourveu.
Selon ce que j'ay ci leu,
Le roy sa fille espouser peut;
Car le pape le mande et veult
Par ceste bulle.

Deuxiesme chevalier

280 Sanz cy faire arrestoison nulle,
Alons li dire.

Le conte

Alons sanz plus cy estre. Sire,
Le saint pére, de sa puissance,
Vous donne congié et liscence
285 De vostre fille a femme prendre
Si com bien le porrez entendre
Par ceste lettre.

Le roy

Puis que c'est chose qui peut estre
Faicte par le gré de l'eglise,
290 De moy sera a femme prise,
Je vous promet. Venir la voy :
Ça, pucelle, parlez a moy :
Des barons touz de ce pais
Sui d'espouser vous envays;
295   Si sera fait.

La fille

Pére, ja, se Dieu plaist, tel fait

N'avenra qu'en baillons noz foiz.
Vous m'engendrastes une foiz;
Et, se vous n'estiés pas mon pére,
Si espousates vous ma mére :   300
Par ce point devez vous savoir
Que la fille et la mére avoir
  Ne pouez mie.
        Le roy
Il fault qu'il soit fait, belle amie,
Je le vous dy brief sanz ruser;   305
Et fole estes de refuser
  Chose que vueille.
        La fille
De faire chose dont se deulle,
Quant mort serez, l'ame de vous,
Pour Dieu vous gardez, pére doulx.   310
De moy arez povre solaz,
S'en la fin en dites : halaz!
Et je tien n'en serés pas quittes,
S'a effect mettez ce que dites;
Et oultre, si fault que j'assemble   315
Avec vous, quant serons ensemble,
Conment arez char si osée
Que de vous je soie adesée
Conme il est de conmun usage
Es assemblez en mariage?   320
  Dites me voir.
        Le roy
C'est pour nient : je vous vueil avoir,
Et n'en parlez plus au contraire;
Car nulz ne me pourroit retraire
  De ce courage.   325
        La fille
Pére, puis que ce mariage
Ne puis nullement destourner,
Il fault que me voise atourner

Dont autrement.
LE ROY.
330 Vous dites voir; alez briément.
Vous avez robes et joiaux
Des plus riches et des plus biaux :
Faites que vous soiez parée,
Et revenez sanz demourée
335   Icy a moy.
LA FILLE
Voulentiers, sire, par ma foy.

E! Dieux, ou a pris ce courage
Mon pére, qui par mariage
Me veult avoir et prendre a femme?
340 Ce me semble si grant diffame
Qu'a touz jours reprouche en aray.
Conseilliez moy que je feray,
Vierge qui sanz pechié naquistes
Et sanz pechié aussi vesquistes
345 Tant conme fustes en ce monde.
Vierge sur toutes pure et monde,   *86 c*
Ne consentez ja qu'il appére
Que je soie femme mon pére;
Car miex voulroie mort souffrir
350 Que mon corps a ce faire offrir,
Tant me semble estre orrible chose!
Et avant qu'il soit, je propose
Que ceste main me copperay
Et en la mer la jetteray
355 Afin qu'il n'ait plus de moy cure.
Mais je vous depri, vierge pure,
Que de ce meshaing soie quitte,
Et vers Dieu me tourt a merite;
Car j'ay plus chier une main perdre
360 Qu'a tel mariage moy erdre,
Qui, pour un po de gloire vaine,

Me mette en pardurable paine :
Pour ce, sanz plus terme ne jour,
Delivrer m'en vois sanz sejour
  Et sanz respit.   365

Le roy
Seigneurs, je ne sçay s'en despit
Ma fille a ce que la vueil prendre ;
Elle me fait yci attendre,
Si m'ennuie que tant demeure :
Je vous em pri que sanz demeure   370
  La m'alez querre.

Premier chevalier
Mon chier seigneur, je vois bonne erre,
  Puis qu'il vous plaist.

La fille
Or devera cesser le plait
A mon pére dès ores mais   375
Qu'il me prengne a femme jamais ;
Car, voir, il n'ara riens gangnié,
S'il espouse un corps meshangnié
  Conme je suy.

Premier chevalier
Dame, ne prenez a annuy   380
Se de venir vous vien haster :
Le roy, ce sachiez, sanz doubter,
  Si m'y envoie.

La fille
Sire, a li aussi m'en venoye,
Toute pensant, n'en doutez pas.   385
Or y alons ysnel le pas.
  Par ceste voie.

Le roy
Fille, tart m'est que je vous voie
  Mon espousée.

La fille

390 D'une chose moult desguisée
Et qui trop est contre raison
Parlez, si faites mesprison.
Quelle l'arez vous gaangnée,
Se prenez une meshangnée ?
395 Regardez : j'ay perdu un membre.
Or vous pri, pour Dieu, qu'il vous membre
Qu'une foiz engendré m'avez ;
Et se Dieu congnoistre savez,
Doubte arez, ains que m'aiez pris,
400 Que de li n'en soiez repris ;
Bien dire l'ose.

Le roy

As tu pour ce fait ceste chose
Que tu ne soies pas ma femme ?
Voir, tu en mourras a diffame,
405 Par mon chief, depiteuse garce !
Je vous conmans qu'elle soit arse,
Seneschal, tost, sanz plus attendre ;
Ou, certes, je vous feray pendre,
S'il n'est ainsi.

Deuxiesme chevalier

410 Sire, n'en soiez en soussi,
Je ne vous vueil en riens desdire ;
Mais, pour Dieu, refraingniez vostre yre :
C'est vostre fille.

Le roy

Brief, je n'y aconte une bille.
415 De devant moy, plus ne tardez,
L'ostez, alez, et si l'ardez
Isnellement.

Deuxiesme chevalier

Sire, a vostre conmandement
Puis qu'il vous plaist, obeiray ;
420 En riens ne vous contrediray.

Avant, Guyot, et toy, Jourdain
Mettez vous deux a li la main,
 Menez la la.
 LE PREMIER SERGENT
Sire, tantost fait vous sera.
Jourdain, il fault que la prenons 425
Nous deux et que nous l'en menons
 En celle place.
 DEUXIESME SERGENT
Or soit donques fait sanz espace.
N'y a plus, venez vous ent, dame.
Voir, c'est pitié quant telle fame 430
Com vous estes, fille de roy,
Convient mourir a tel desroy
 Com vous venez.

 DEUXIESME CHEVALIER
Ho! seigneurs, touz coyz vous tenez.
Guiot, Cochet querir iras, 435
Le bourrel, et si li diras
Ce qu'il a cy a besongnier,
Et qu'il face, sanz eslongnier,
Apporter cy ce qu'il li fault,
Et qu'il n'y ait point de deffault. 440
 Or va bonne erre.
 LE PREMIER SERGENT
Je ne fineray de le querre,
Sire, tant que trouvé l'aray.
En sa maison querre l'iray
 Premiérement. 445
 LA FILLE
Vray Diex, qui sanz conmencement
Et sanz fin es en trinité
Une essance, une deité ;
Qui homme a ton semblant feis,
Et en paradis le meis 450

Terreste, ou pouoit a delivre,
Sanz mort, en santé touz jours vivre,
Mais de ce lieu, pour son meffait,
Fu chacié et mis hors de fait;
455 Et depuis, pour li pardonner
Son meffait, voulz ton filz donner,
Lequel de nostre humanité
Voult, par excellent charité,
Sa deité sa jus couvrir
460 Pour nous des cieulx l'entrée ouvrir,
Et pour faire a Dieu d'omme accorde;
Ha! pére de misericorde,
Confortez la triste et dolente
Qui se complaint et se lamente
465 Et est en grant confusion
Et en grant desolacion.
Tresdoulce mére Dieu, conment
Me pourroit il estre autrement
Que grant doleur en moy n'appére?
470 Je voy que de mon propre pére
Je sui condampnée a ardoir;
Celui qui plus deust avoir
Par nature de moy pitié
M'a en si grant ennemistié
475 Qu'il conmande que je soie arse,
Con fusse une murtriére garse.
Lasse! n'est ce pas cruauté?
Si est, et povre feaulté,
Mesmement que c'est sanz meffait,
480 Mais pour pechié fouir de fait
Me suis copée ceste main.
Tresdoulx Diex, encores miex l'aim
Avoir perdue et mort sentir
Que moy a tel fait consentir
485 Que mon pére me cogneust
Ne charnelment a moy jeust;

Et se pour ce mourir me fault,
Doulx Diex qui es lassus en hault,
Quoy que le corps soit mis en cendre,
Doulx Dieu, vueilles m'ame deffendre 490
    Des ennemis.
        Le bourrel
Se j'ay a ci venir trop mis,
Sire, ne vous vueille desplaire.
De qui voulez justice faire?
    Dites le moy. 495
        Deuxiesme chevalier
Ne te haste pas; tien te coy.
Seigneurs, sachiez, vouloir ne cuer
N'ay de consentir a nul fuer
Que ceste damoiselle muire,
Et me deust le roy destruire 500
Et mon corps ardoir ou noier.
De pitié m'ont fait larmoier
Ses complains et ses doulx regrez;
Si vueil que vous soiez engrez,
Sanz ce que cy plus la tenez, 505
Mais qu'en ma prison la menez.
Encore ennuit ordonneray
Conment, se puis, ly sauveray
    La vie. Alez.
        Le premier sergent
Puis qu'il vous plaist, plus n'en parlez; 510
Je tien que bien dictes, par m'ame.
Levez sus de cy, levez, dame,
    Venez vous ent.
        La fille
Sire, a vostre vueil bonnement
    Obeiray. 515
        Deuxiesme chevalier
Tu feras ce que te diray,
Cochet, et riens n'y perderas :

Un grant feu cy m'alumeras,
Conme s'ardisses une famme;
520 Et se, d'aventure, aucune ame
Te dit : « De qui fait on justice? »
Ne soies de respondre nice;
Mais en appert et en recoy
Dy qu'arse est la fille le roy
525 Pour son meffait.

LE BOURREL
Sire, en l'eure vous sera fait,
Puis que vous le me conmandez,
Ainsi que vous le demandez.
Or ça ! je me vueil entremettre
530 De la buche eslire et la mettre
Aussi conme entasser se doit,
Afin que le feu par tout voit
Et par tout arde.

DEUXIESME SERGENT
Sire, mise est en sauve garde
535 En vostre hostel la fille au roy,
Moult esbahie et sanz arroy
Fors de tristesse.

DEUXIESME CHEVALIER
Tandis que le bourrel adresce
Son feu, tenez vous ci touz deux;
540 Oster li vois, se puis, ses deulx,
Et par mer l'en envoieray,
Et a mon pouoir li donrray
Au cuer leesce.

LE ROY
Seigneurs, je voy la grant feu : qu'est ce?
545 Alez y savoir, je vous pri,
Et me rapportez sanz detry
Que c'est c'on art.

LE PREMIER CHEVALIER
Je vois, sire, se Diex me gart.

87 d

Sire, de savoir sui engrans
Pour quoy on a fait feu si grans 550
   Ici endroit.
Deuxiesme chevalier
Conmandé m'a, soit tort ou droit,
Le roy que sa fille ardoir face;
Et je l'ay fait. Jamais en face
   Ne la verra. 555
Premier chevalier
Certes, mal encore en venra.
Pour li m'en vois triste et dolent.
De le dire au roy n'ay talent.
Ha! Jouye doulce et courtoise,
De vostre mort, certes, me poise; 560
Se je le peusse amender!
Dieu ce meffait vueille amender:
   Si fera il.

Le roy
Vien avant; dy moy, qu'i a il,
   Qu'i as esté? 565
Le premier chevalier
Je n'en puis savoir verité;
Mais vostre seneschal y est:
Mandez l', il vous dira que c'est
   De point en point.
Le roy
Tu qui as ce doublet pourpoint, 570
Vaz bien tost mon seneschal dire
Qu'a moy viengne sanz contredire
   Parler un poy.
Remon
Je vois, treschier sire, par foy.

Cy endroit plus ne vous tenez, 575
Seneschal; mais au roy venez

Tost : il vous mande.
DEUXIESME CHEVALIER
Si yray de voulenté grande,
Puis que c'est, amis, son conmant.

580 Sire, je vien a vostre mant :
G'y sui tenuz.
LE ROY
Dy me voir, puis qu'es cy venuz :
Est ma fille arse ?
DEUXIESME CHEVALIER
Sire, oil. Miex amasse en Tarse
585 Avoir esté prisonnier pris
Que ce qu'eust telle mort pris;
Mais je ne vous osay desdire.
En gloire avec Dieu, nostre sire,
Soit l'ame d'elle !
LE ROY
590 Ha ! mére Dieu, vierge pucelle,
En ses laz m'a bien Sathan pris.
J'ay trop vilainement mespris
D'avoir fait sanz cause mourir
Celle que tenser et garir
595 De mort encontre touz deusse,
S'en moy raison ne sens eusse;
Dont se pour li me desconforte,
J'ay droit; car je doubt ne m'emporte
En enfer l'ennemi touz vis.
600 Hair doy bien, ce m'est avis, *88 b*
Qui d'elle prendre m'enorta
Et nouvelles m'en apporta
Premiérement.
LE CONTE
Sire, sire, qu'est ce? conment
605 Vous pensez vous a demener?
Voulez touz jours tel dueil mener?

Autrement faire vous esteut,
Puis que ceste chose on ne peut
Amender. C'est tout dit en somme;
Laissiez se dueil, monstrez vous homme, 610
 Et l'oubliez.
  LE ROY
Conte, jamais ne seray liez,
Et j'ay bien cause en verité :
J'ay fait trop grant iniquité
Contre Dieu, si m'aviseray   615
Conment a Dieu m'apaiseray
 De mon meffait.
  LE CONTE
Sire, ce sera le miex fait
 Que puissiez faire.

 LE PREVOST AU ROY D'ESCOSSE
Treschier sire, mais que desplaire   620
Ne vous vueille, je vous diray
Nouvelles; pas n'en mentiray,
 Mais est tout voir.
  LE ROY D'ESCOSSE
Prevost, je le vueil bien savoir.
 Dites, amis.   625
  LE PREVOST
Hyer, chier sire, m'estoie mis,
Avec de mes gens trois ou quatre,
Jusques sur le port pour esbatre;
Ainsi que je fu la, avint
Q'une nasselle par mer vint   630
Sanz gouvernement par mer nul,
Sanz trait de cheval ne de mul,
Sanz mast, sanz aviron, sanz voille,
Quel qu'il fust, de soie ou de toille;
Et si s'arriva droit au port.   635
Et je, qui estoie en desport,

M'en alay la sanz attendue,
Quant a rive la vy venue.
Dedans n'avoit q'une pucelle;
640 Mais je croy que c'est la plus bele
Creature, se Dieu me gart,
C'on peust trouver nulle part.
Et ne demandez pas conment
Elle est vestue richement,
645 Car nulle royne terrestre
Ne pourroit plus richement estre.
En mon hostel l'en amenay,
De son estat li demanday
Et qui l'avoit ça amenée
650 Et de quelles gens estoit née;
Mais riens ne m'en a volu dire.
Toutesvoies, je pense, sire,
Que s'il vous plaist, cy l'amenroye
Et si la vous presenteroye
655   Pour sa biauté.
    Le roy d'Escosse
Prevost, se Dieu vous doint santé,
Puis que si belle est con vous dites,
Faites tost et ne me desdites :
    Alez la querre.
    Le prevost
660 Sire, pour vostre amour acquerre,
Vostre conmandement feray :
En l'eure la vous amenray.

Vezci ce que vous ay dit, sire;
A vostre avis, me vueilliez dire,
665   Est elle belle ?
    Le roy
Levez sus, levez, damoiselle.
Vous soiez la tresbien venue.
Grant joie ay de vostre venue,

Se Dieu me voie.
La fille
Mon chier seigneur, honneur et joie, 670
Vie de bien en miex touz dis,
Vous otroit Diex de paradis
    Par son plaisir.
Le roy d'Escosse
Sus, sus! j'ay de savoir desir,
M'amie, dont vous estes née 675
Et qui vous a cy amenée
    En ceste terre.
La fille
Pour Dieu, vous deportez d'enquerre,
Treschier sire, de mon ancestre
Ne de quelles gens je puis estre. 680
S'en estrange lieu m'a mis Diex,
Une autre foiz me fera miex,
    Quant li plaira.
Le roy d'Escosse
M'amie, voirement fera.
Au moins me direz vostre nom : 685
Je tien que de gens de renom
    Estes estraitte.
La fille
Quoy qu'estrange soie ore faitte,
Chier sire, j'ay nom Berthequine.
Or vous suppli, par amour fine, 690
Que plus avant ne m'enquerez :
Car par moy rien plus n'en sarez,
    N'omme vivant.
Le roy
Je m'en tenray d'ore en avant,
Ja pour ce ne vous esmaiez. 695
Mére, je vueil que vous l'aiez
    En vostre garde.

LA MÉRE AU ROY
Filz, s'elle mesmes ne se garde,
Je ne la pourroie garder.
A ce point devra regarder,
Se fait que sage.
LA FILLE
Dame, se Dieu plait, mon courage
A mal faire ne tournera;
Mais sui celle qui vous sera
Com chamberiére.
LE ROY D'ESCOSSE
Non serez pas, m'amie chiére;
Mais vous serez sa damoiselle.
Tant quant, une bonne nouvelle
Vous puist venir.
LA FILLE
A Dieu en vueille souvenir,
Chier sire : il m'en fust bien besoing;
Mais ne peut estre, car trop loing
Sui de mon lieu.
LE ROY D'ESCOSSE
Se loing en estes, de par Dieu,
Par aventure vous avez
Des amis que pas ne savez
Bien près de vous.
LA FILLE
Ceulx que g'y ay, Dieu les gart touz
De mal, d'annuy et d'encombrier,
Et vous, chier sire, le premier,
Pour tant que moy vous a pleu,
Ce me semble, avoir receu
En vostre grace.
LE ROY D'ESCOSSE
Il n'est rien que pour vous ne face,
M'amie, c'est a brief propos.
Un po vois prendre de repos;

Avec ma mére demourez
Ceens : ce sachiez, vous n'arez
　　Pis qu'elle ara.
　　　　LA FILLE
Je feray ce qu'il lui plaira　　　　　　　　730
　　Et a vous, sire.
　　　　LA MÉRE AU ROY
Damoiselle, je vous vueil dire
Que vous estes une musarde
Et une avolée coquarde.
Conment! cuidez vous estre amée　　　　735
D'un roy de telle renommée
Qu'est mon filz et de tel puissance?
J'ay bien veu la contenance
Qu'entre vous deux vous avez fait
De regart, de parler, de fait.　　　　　740
Dame esmoingnonnée et sauvage,
On ne scet de vostre lignage
Ne de vous aussi qui vous estes,
Et pareille a mon filz vous faites!
　　Ostez, ostez!　　　　　　　　　　745
　　　　LA FILLE
Certes, ma dame, ne doubtez :
Ma pensée onques ne m'entente
Ne fu a ce. Lasse, dolente!
Certes, je seroie bien fole
Se de ce tenoie parole.　　　　　　　　750
Ne sui pas digne d'estre amée
De lui ne s'amie clamée,
N'onques, certes, je n'y pensay :
Je ne vail pas tant, bien le say;
Et vous avez dit verité,　　　　　　　　755
Que ne savez mon parenté;
Et, se j'ay une main perdue,
Tant sui je plus povre esperdue
　　Sanz reconfort.

La mére

760 Or plourez ileuc bien et fort;
Il ne m'en chaut.

Le roy d'Escosse

N'ay peu dormir, tant ay chaut.
Qu'est ce la? Qu'avez, Bethequine,
Qui si plourez? Par amour fine,
765 Dites le moy.

La fille

Sire, j'ay cause, en bonne foy,
Se je pleure et fas mate chiére :
On ne m'a pas ceens moult chiére,
Ce m'est avis.

Le roy d'Escosse

770 Et qui? faites m'en tost devis;
Savoir le vueil.

La fille

Sire, de nullui ne me dueil;
Mais ma chiére dame m'a dit,
Vostre mére, par grant despit,
775 Qui me fait estre si osée,
Qui sui une garce avolée,
Qu'amée cuide estre de vous.
Certainement, mon seigneur doulx,
Onques n'y pensay, Dieu le scet.
780 Je ne sçay pas s'elle me het;
Mais, conme dame a moy irée,
M'a appellée esmoingnonnée,
Et c'on ne scet de mon ancestre
Qui il est ne qui il peut estre.
785 Et telz paroles mal me font
Tant que tout ou ventre me font
Le cuer en lermes.

Le roy d'Escosse

Par mon chief, ainçois que li termes

D'uit jours, non pas de sis, se passe,
Se j'ay de vie tant d'espace, 790
Estat et non arez assez.
De ce qu'elle a dit vous passez
Par amour, doulce Bethequine;
D'Escosse vous feray royne,
Foy que doy Dieu. 795
La fille
Sire, je suy de trop bas lieu :
Tel estat ne m'appartient mie.
Que dira vostre baronnie,
S'une meshaingnie prenez?
Il diront qu'estes forcenez 800
De cecy faire.
Le roy d'Escosse
Dame, a qui qu'il doie desplaire,
Je vous ains tant de bonne amour
Qu'il sera fait et sanz demour.

Venez avant, venez, Lambert; 805
Savoir vueil con serez appert.
Alez tost, sanz estre esbahys,
Dire au vesque de ce pays
Qu'a moy viengne a l'ostel de Chestre,
Et que la marié vueil estre 810
A ce jour d'uy.
Lembert, escuier.

89 d Sire, se Dieu me gart d'anuy,
G'y vois, et si ne fineray
Tant que mené je l'i aray
Et dedens mis. 815
Le roy d'Escosse
Seigneurs, qui estes mes amis,
En l'ostel de Chestre adresciez
Ceste dame, et la la laissiez,
Et revenez a moy icy.

820 Or vous delivrez, sanz nul sy,
  Je vous em pri.
  LE PREMIER CHEVALIER D'ESCOSSE
  Il vous sera fait sanz detry,
  Mon seigneur chier.

  DEUXIESME CHEVALIER D'ESCOSSE
  Ça, dame, ça, sanz plus preschier,
825 Venez vous ent, puis qu'au roy haitte :
  Onques mais si grant honneur faitte
  Ne fu a femme conme arez,
  Qu'au jour d'uy royne serez
  De touz clamée.
  LE PREMIER CHEVALIER D'ESCOSSE
830 Il pert bien que de cuer amée
  L'a loyaument.
  DEUXIESME CHEVALIER
  Nous avons ci fait; ralons ment
  Devers le roy.
  LE PREMIER CHEVALIER
  De ce nous fault mettre en arroy.
835 Or avant ! n'y ait sejourné.

  Sire, a vous sommes retourné
  Tost, ce me semble.
  LE ROY
  C'est voirs ; or en alons ensemble,
  Tant que de Chestre soions près
840 Je vois devant, venez après,
  Et me suivez.

  LA MÉRE AU ROY
  Bien est mon filz du sens desvez,
  Qui femme prent par mariage
  C'on ne congnoist ne son lignage,
845 Mais est venue d'aventure,   90 a

S'est si deffaitte creature
Que d'un braz la main a perdue.
De dueil en sui trop esperdue,
Conment l'a peu tant amer.
Maloite soit l'eure qu'en mer 850
Ne noya quant elle y estoit!
Royne sera : or voit, voit.
Pour mon honneur aux noces vois;
Mais, certes, ains qu'il soit un mois,
De touz poins je les laisseray 855
Et loing d'eulx demourer iray,
  Puis qu'ainsi est.

  LEMBERT
Sa! menestrez, estes vous prest?
  Faites mestier.
  PREMIER CHEVALIER
Sire, huimais ne vous est mestier 860
Fors que de faire liée chiére;
Ne vous aussi, ma dame chiére.
  Je vous di voir.
  LE ROY D'ESCOSSE
Pour ce que puisse miex avoir
Les nobles d'Escosse a ma feste, 865
Et que faite soit plus honneste,
D'uit jours la voulray retarder
Et les nobles par tout mander
  Qu'il viengnent cy.
  DEUXIESME CHEVALIER
Chier sire, c'est bien dit ainsi 870
  Et est grant sens.
  LA MÉRE
Biau filz, un petit mal me sens :
Je vous pri plus ne me tenez
Ici; mais congié me donnez
Que je voise au chastel de Gort 875

Reposer et prendre deport
      Trois jours ou quatre.
            LE ROY D'ESCOSSE
Dame, bien vueil qu'ailliez esbatre;
Mais n'y faites pas tant demour
880 Qu'a nostre feste, par amour,
      Ne soiez cy.
            LA MÉRE
De ce ne soiez en soussi :
G'y pense estre, s'il plaist a Dieu.
Puis que je sui hors de son lieu,
885 Mais em piéce ne m'y verra;
Face tel feste qu'il voulra :
      Riens n'y aconte.

            LE HERAUT
Or oiez, seigneurs, roy et conte,
Chevaliers et ceulx a qui duit,
890 La cause qui ci m'a conduit.
Savoir vous fas, et n'est pas doubte,
Qu'a quinzaine de Penthecouste
Lez Senliz le tournay sera :
Un puissant roy si le fera,
895 Qui n'iert pas de chevaliers seulx;
Il ara les François et ceulx
Qui se dient de Picardie,
Et s'ara d'autres, quoy c'on die;
Si ques qui acquerre voulra
900 Honneur viengne, et il trouvera
A qui se pourra donoier,
S'il a desir de tournoier
      Ne d'avoir pris.

            LEMBERT
Mon seigneur, un tournoy est pris

A faire, après la Penthecouste, 905
D'un roy qui de gent a grant route,
Ainsi conme dit un heraut
Qui la hors l'a crié bien hault
 Trestot en l'eure.

LE ROY D'ESCOSSE

Or me dy, se Dieu te sequeure : 910
 Se fera il?

LEMBERT

Puis que herault le crie, oil;
Et dit qu'il sera lez Senliz,
En la terre des fleurs de liz;
 Je vous dy voir. 915

LE ROY D'ESCOSSE

Ne lairoie pour grant avoir
Que n'y voise certainement;
Estre y vueil du conmencement
 Jusqu'en la fin.

LE PREMIER CHEVALIER

Sire, je vous pri de cuer fin 920
Que vous me faciez ceste grace
Que compagnie je vous face :
 Si verray France.

LE ROY D'ESCOSSE

Il me plaist, amis, sanz doubtance;
Mais ce que je diray ferez : 925
Dès maintenant mes gens yrez
Ordener et moy pourveoir
Du harnoys qu'i me fault avoir
 Pour ce voiage.

LE PREMIER CHEVALIER

Se je devoie mettre en gage 930
Ma terre toute, treschier sire,
Si feray je sanz contredire
Ce que dites. Sire, g'y vois
Ordener et gens et harnoys

Et quanque il fault.
LE ROY D'ESCOSSE
Or gardez bien par vous deffault
De riens n'y ait.
LA FILLE
Mon chier seigneur, en mal dehait
Me mettez et en grant effroy,
Qui voulez aler au tournoy
Si loing qu'est le païs de France.
Je ne gart l'eure, sanz doubtance,
Se Dieu plaist, que doye enfanter.
Pour Dieu vous pri, mon seigneur chier,
Souffrez vous ent.
LE ROY D'ESCOSSE
Ce ne peut estre, vraiement,
Dame; puis que l'ay dit, g'yray.
Mon maistre d'ostel vous lairay
Et mon prevost; ces deux seront
Qui du tout vous gouverneront.
Il souffira.
LE PREMIER CHEVALIER
Mon seigneur, quant il vous plaira,
Movoir pouez d'ore en avant.
Vostre harnoys s'en va devant
A bon conduit.
LE ROY D'ESCOSSE
Ce point y affiert bien et duit.
Maistre d'ostel, venez avant,
Et vous, prevost. D'ore en avant
Ma compaigne vous baille en garde
Preste d'enfanter. Or regarde
Chascun a faire ent son devoir,
Si qu'il y puist honneur avoir
Quant Dieu m'ara cy retourné;
Et si vous pri, quant sera né
L'enfant et delivre en sera

La mére, ce que en ara
Dessoubz voz seaulx me rescripsiez.
C'est tout. Ça, dame, et me baisiez :
 Aler m'en vueil.
  LA FILLE
Certes, s'il en fust a mon vueil,   970
Sire, ne vous en alissiez
Tant que mon enfant eussiez
 Veu sur terre.
  DEUXIESME CHEVALIER
Sire, pour touz vous vueil requerre
Que ne soiez pas engaigniez   975
Se de nous estes compaigniez
Deux liues ou trois, sire, au mains,
Ou tant qu'aiez voz gens attains ;
 Pour bien le dy.
  LE ROY D'ESCOSSE
Amis, pas ne vous en desdy.   980
Alons men tost. Ho! c'est assez.
Seigneurs, plus avant ne passez ;
 Ne le vueil point.
  LE PREVOST
Puis que le voulez en ce point,
Sire, a Dieu vous conmanderons :   985
De ma dame penser yrons
 Pour vostre honneur.
  LE ROY D'ESCOSSE
Vous dites bien. Alez, seigneur ;
 A Dieu trestouz !

  DEUXIESME CHEVALIER
Dame, le roy nous a de vous   990
Garder prié songneusement :
Si vous prions fiablement
Que quanque vous voulrez avoir
Vous le nous faciez assavoir

Hardiement.
LA FILLE ROYNE
Seigneurs, sachiez certainement
Selon mon estat me tenray
Le plus simplement que pourray,
Tant que mon seigneur du tournoy
Retourné sera cy a moy
    Et que l'arons.
LE PREVOST
Conmandez, dame; nous ferons
    Quanque direz.
LA FILLE
Seigneurs, s'il vous plaist, vous irez
Jusqu'a l'eglise saint Andry.
La requerrez que sanz detry
Soit pour mon seigneur celebrée
Une haulte messe ordenée,
Afin que Diex de mal le gart.
En meilleur garde, ce regart,
    Ne le puis mettre.
DEUXIESME CHEVALIER
Nous y alons sanz plus cy estre,
    Ma chiére dame.
LA FILLE
Damoiselles, je croy, par m'ame,
Que je me muir tant sui malade:
J'ay le cuer si vain et si fade
Qu'avis m'est de touz poins me fault,
Tant m'a pris ce mal en sursault.
Que feray je? Diex, les rains! Diex!
Confortez moy, dame des cielx :
    Trop sans d'angoisse.
LA PREMIÉRE DAMOISELLE
Avant que ce mal plus vous croisse,
Ma dame, apuiez vous sur moy
Et vous en venez tost : je voy

Que traveilliez certainement. 1625
En vostre chambre appertement
 Or tost entrez.
  LA FILLE ROYNE
Diex, le ventre! Diex, les costez!
Trop sens d'angoisse et grant ahan.
Amy Dieu, sire saint Jehan, 1030
Et vous, mére Dieu debonnaire,
Jettez me hors de ceste haire.
Certes, je muir, bien dire l'os.
Diex! or me prent l'engoisse au dos.
 Que pourray faire? 1035
  DEUXIESME DAMOISELLE
E! doulce vierge debonnaire,
Port de salut aux desvoiez,
Vostre grace à nous envoiez,
Et si ma dame secourez
Que Dieu et vous, dame, honnourez 1040
 En puissiez estre.
  LA FILLE
E! mére au tresdoulx roy celestre!
Or sui j'a ma fin, bien le voy.
Doulce vierge, confortez moy,
 Je vous en prie. 1045
  LA PREMIÉRE DAMOISELLE
Or paiz, de par le filz Marie!
Dame, cessez vous de crier.
Je vous dy, sanz plus detrier,
Je ne scé se vous le savez,
Demandez quel enfant avez; 1050
 Car il est né.
  LA FILLE
Puis que Dieu m'a enfant donné,
Je vueil bien quel il est savoir,
Filz ou fille : dites m'en voir,
 M'amie chiére. 1055

DEUXIESME DAMOISELLE
Dame, faites nous bonne chiére,
Que vous avez un tresbiau filz,
Soit en voz cuers certains et fis :
    Regardez cy.
        LA FILLE
1060 La vierge de cuer en gracy;
Certes, je l'ay bien acheté.
Couchez me tost, qu'en verité
    Je tremble toute.
    LA PREMIÉRE DAMOISELLE
Vezci le lit prest (n'aiez doubte,
1065 Ma dame), ou je vous coucheray.
Tandis que l'assemilleray,
Yolent, alez sanz detry
Dire a Lembert qu'a Saint Andry
Voit au maistre d'ostel batant
1070 Dire qu'un filz, n'en soit doubtant,
    Avons nouvel.
        DEUXIESME DAMOISELLE
Je le feray de cuer ysnel.

Lembert, mon ami doulx, alez
Dire au maistre d'ostel que nez
1075 Nous est un biau filz de ma dame :
Grant joie li ferez, par m'ame,
    Je n'en doubt mie.
        LEMBERT
Voulentiers, Yolent, m'amie.
E! Diex, qu'il en sera joieux!

1080 Je vous truis bien a point touz deux :
    J'aloie a vous.
        DEUXIESME CHEVALIER
Pour quoy, Lembert, mon ami doulx?
    Ne le nous cèles.

####### LEMBERT
Je vous apport bonnes nouvelles,
Et si sont vraies, j'en sui fis : 1085
La royne a eu un filz :
####### Tout maintenant.
####### DEUXIESME CHEVALIER
Tu soiez le tresbien venant;
Grant joie ay de ce que t'oy dire.
Prevost, aler nous fault escripre 1090
Et ces nouvelles envoier
Au roy pour son cuer avoier
####### En plus grant joie.
####### LE PREVOST
Vostre voulentez est la moye.
Alons, sire : icy m'asserray. 1095
Je mesmes les lettres feray;
N'est mestier c'on les me divise.
C'est fait; seellez a vostre guyse :
####### Il souffira.
####### DEUXIESME CHEVALIER
C'est seellé; qui la portera? 1100
####### Or y veons.
####### LE PREVOST
Je lo que nous y envoions
Lembert; il est assez appert.
Venez avant, venez, Lembert,
####### A nous parler. 1105
####### LEMBERT
Voulentiers, sanz ailleurs aler
####### Mais qu'a vous droit.
####### DEUXIESME CHEVALIER
Mouvoir vous fault de cy endroit,
Lembert, et vous a voie mettre
Pour porter au roy ceste lettre, 1110
Amis; et quant li baillerez,
De par ma dame li direz

Qu'elle gist d'un filz, ce li mande,
Et qu'a li moult se reconmande
    Et nous aussi.

LEMBERT

Si tost que partiray de cy,
Sachiez d'errer ne fineray
Tant que bailliée li aray
    Et mise ou poing.

LE PREVOST

Nous vous prions qu'en aiez soing
    Et diligence.

LEMBERT

Je vous promet la negligence
N'en sera pas moie, que puisse;
Ne fineray tant que le truisse.
    A Dieu trestouz!

DEUXIESME CHEVALIER

Lembert, a Dieu, mon ami doulx!
    Or s'en va il.

LEMBERT

Sera ce bon, je croy qu'oil,
Qu'a la mére au roy me transporte
Et que ces nouvelles li porte?
Je tien que j'en amenderay
D'aucun bon don; et pour c'yray,
Je ne me delaieray point.

Je la voy la : c'est bien a point;
Devant li me vois enclin mettre.
Ma dame, Dieu le roy celestre
    De mal vous gart.

LA MÉRE

Lembin, biau sire, quelle part
En alez et dont venez vous?
Je vous em pri, dites le nous.

        Et qui vous maine.
              LEMBERT

Chiére dame, soiez certaine,
Je m'en vois au roy mon seigneur
Dire li la joie greigneur
Dont s'ame fust pieça touchiée,   1145
Que d'un filz ma dame acouchée
        Est de nouvel.
              LA MÉRE

Diz tu voir, Lembin? ce m'est bel,
Foy que je doy sainte Bautheuch.
De la joie qu'en ay, t'esteut   1150
Maishui avec moy demourer :
Je te vueil donner a souper.
        Portes tu lettres?
              LEMBERT
Oil, que baillié m'ont les maistres
        D'ostel, ma dame.   1155
              LA MÉRE
De ce que tu m'as dit, par m'ame,
Ay moult grant joie et le cuer lié.
Or tost! s'il est appareillié,
Je vueil qu'il souppe, Godefroy;
Et de ce bon vin dont je boy   1160
        Ly apportez.
              GODEFFROY
Ma dame, un po vous deportez :
Ce vault fait. Veez, je mect la table.
Ça ! je vueil estre entremettable
        De li servir.   1165
              LA MÉRE
S'a mon gré le veulz bien servir,
Apporte li cy un bon més.
Vien avant, s'acoute et li més
De ce que t'ay baillié en garde,
Si qu'il ne s'en doingne de garde,   1170

Dedans son vin.
       GODEFFROY
Voulentiers, dame, et de cuer fin ;
Vezcy de quoy.
       LA MÉRE
Verse cy pour l'amour de moy.
1175 Je vueil que vous buvez, Lembin,
Et me direz se c'est bon vin ;
   Tout vous fault boire.
       LEMBIN
Chiére dame, par saint Magloire,
Je ne bu si bon vin pieça ;
1180 Ce remanant buray or ça,
   Puis qu'il vous haitte.
       LA MÉRE
Vezcy viande bonne et nette,
Dont mengier vous convient, Lembert.
Or monstrez con serez appert
1185   De bien mengier.
       LEMBERT
Je n'en feray mie dangier,
Chiére dame ; et vous, que ferez ?
                              Cy menjue.
Amis, a boire me donrez,
   S'il vous agrée.
       LA MÉRE
1190 Verse ci bonne haneppée,   92 c
   Car je le vueil.
       GODEFFROY
Buvez : le hanap jusqu'a l'ueil,
Lembin, est plain.
       LEMBERT
Vezci bon vin. Ça vostre main !
1195 Je vous jur et creant, ma dame,
De vous feray demain ma femme
   Par mariage.

LA MÉRE
Voire, mais qu'il n'y ait lignage.
Il est yvre, je te promet.
Maine le couchier et le met   1200
　　En un bon lit.
GODEFFROY
Lembert, il vous fault par delit
　　Venir couchier.
LEMBERT
Si feray je, mon ami chier,
　　Moy et ma dame.   1205
GODEFFROY
Voire, aussi est ce vostre femme.
　　Alons devant.
LEMBERT
Alons, mon ami, or avant.
Venez couchier aussi, ma belle;
Hurtez bellement, je chancelle.   1210
　　Qui estes vous?

GODEFFROY
Ça couchiez vous, mon ami doulx,
En ce lit; je vous couverray.
Ains que m'en parte je verray
Sa contenance et son effort.   1215
Par m'ame! c'est bien dormi fort;
Je le vois a ma dame dire.

Ma dame, Lembin m'a fait rire;
Certes, il est a grant meschief.
Plus tost n'a pas eu le chief   1220
Sur le lit qu'il s'est endormy.
Diex! conme il sera estourdy
　　Demain, ce croy!
LA MÉRE
Or paiz, et te tais cy tout coy.

1225 Je le vueil aler visiter.

Puis qu'il dort si bien, sanz doubter,
Je verray quelz lettres il porte,
Ains que jamais passe ma porte.
Je les tien ; dormir le lairay ;
1230 Avec moy les emporteray.

Or tost, Godeffroy, sanz retraire
Vaz me querre mon secretaire
  Ysnellement.
   GODEFFROY
Dame, voulentiers vraiement.

1235 Maistre Bon, plus ne vous tenez
Cy; mais a ma dame venez
  Tantost bonne erre.
   LE SECRETAIRE
Alons, puis que m'envoie querre.

Dame, vous m'avez fait mander :
1240 Que vous plaist il a conmander?
  Dites le moy.
   LA MÉRE
En secré vueil savoir de toy
Qu'il a escript en ceste lettre,
Sanz trespasser ne sanz y mettre
1245   Mot ne demy.
   LE SECRETAIRE
Il y a : « Mon treschier amy
Et seigneur, je me reconmans
A vous, et de saluz vous mans
Tant com je puis, et fas savoir
1250 Que vous avez un nouvel hoir
Masle, que Dieu fist de moy naistre
Le jour c'on escript ceste lettre,

Qui vous ressamble de faitture
Miex que nulle autre creature.
D'autres choses fas cy restat. 1255
Rescripsez moy de vostre estat
　　Par ce message. »
　　　　La mére
Ça! que de ce nouviau lignage
Puist il estre courte durée !
Or tost fay m'en sanz demourée 1260
Une autre telle con diray.
Ne doubtes, bien te paieray ;
　　Fay mon plaisir.
　　　　Le secretaire
Chiére dame, de grant desir
Vostre vouloir acompliray. 1265
Avant : devisez ; j'escripray
　　Lettre assez grosse.
　　　　La mére
Tu metteras : « Au roy d'Escosse,
Nostre chier seigneur, reverence,
Salut et toute obedience. 1270
Nous vous mandons que la royne
Vostre femme gist de jesine ;
Dont point de feste ne faisons,
Car diviser ne vous savons
Quelle chose est sa porteure, 1275
Tant est hideuse creature ;
N'onques, voir, ne l'engendra homme.
Ars l'eussions, c'est tout en somme,
Ne fust pour vous ; si nous mandez
Qu'en ferons : se le conmandez, 1280
Nous l'arderons, il n'y a el.
De par les grans maistres d'ostel,
　　Les vostres touz. »
　　　　Le secretaire
C'est fait.

LA MÉRE
Bien est, mon ami doulx;
1285 Or la clos sanz dilacion,
Et fay la superscripcion;
Puis la me baille.
LE SECRETAIRE
Tost m'en delivreray sanz faille.
Dame, tenez.
LA MÉRE
1290 Vous estes clerc gent et senez;
Hardiement alez esbatre.
Seellée sera sanz debatre
Du seel qui est en ceste lettre.   *93 b*
Et si l'iray en l'estui mettre
1295 Ou je pris ceste maintenant.

Ma besongne est trop bien venant.
Tant con Lembert encore dort
Et ronfle en son lit bien et fort
Me vueil de mon fait delivrer.

1300 C'est fait : voit sa lettre livrer
A qui vouldra.

LEMBERT
Il est jour : lever me fauldra
Et aler men sanz plus attendre.
A ma dame vois congié prendre :
1305 C'est raison.

Chiére dame, a Dieu !
Grans merciz : j'ay en vostre lieu
Esté tout aise.
LA MÉRE
Lembert, je vous pri qu'il vous plaise
Par cy venir au retourner;

Quoy que soit vous voulray donner, 1310
Et gardez que ne sache nulz
Que vous soiez par cy venuz ;
  Je vous em pri.
   Lembert
Ma dame, et je le vous ottry ;
Ja par moy ne sera sceu. 1315
A Dieu !

  Tant que j'aie veu
Le roy et qu'a Senliz seray,
De cheminer ne cesseray,
Ains y vueil mettre cure et paine ;
Avis m'est qu'en my celle plaine 1320
Le voy la ; c'est mon : a ly vois.
Plus l'aprouche, et miex le congnois.

Mon seigneur, Dieu par sa bonté
Vous doint joie, honneur et santé
  Et bonne fin. 1325
   Le roy d'Escosse
Bien puisses tu venir, Lembin.
Se Dieu te doint bonne sepmaine,
Dy moy verité : qui te maine
  Par cy endroit ?
   Lembert
Sire, je vien d'Escosse droit. 1330
Voz maistres d'ostel, voz amis,
M'ont de venir a vous conmis
Et vous envoient ceste lettre.
Ce qu'ilz ont volu dedanz mettre
  Ne sçay je pas. 1335
   Le roy d'Escosse
Ouvrir la vueil ysnel le pas
Et verray qu'il y a escript.
Ha ! tresdoulx pére Jhesu Crist,

  Bien doy avoir cuer esperdu :
1340 J'ay honneur a touz jours perdu.
  Conment a si tresbelle femme
  Est advenu si lait diffame,
   Biaux sire Diex ?

  LE PREMIER CHEVALIER

  Mon seigneur, je vous voy des yex
1345 Plourer et les lermes cheoir;
  Sire, que pouez vous avoir?
   Dites le nous.

  LE ROY D'ESCOSSE

  J'ay tant de dueil et de courrouz,
  Certes, que je ne le sçay dire.
1350 Je meismes vueil icy escripre :
  Pourveez moy, mon ami chier,
  D'enque, de penne et de papier;
   Avoir m'en fault.

  LE PREMIER CHEVALIER

  Assez en arez sanz deffault.
1355 Vezcy enque et escriptouére
  Et papier. Faites bonne chiére,
   Pour l'amour Dieu.

  LE ROY D'ESCOSSE

  Onques mais je ne fu en lieu
  Ou je fusse autant courrouciez.
1360 Escripre tout seul me laissiez;
   Traiez vous la.

  LE PREMIER CHEVALIER

  Je feray ce qu'il vous plaira,
   Mon seigneur chier.

      Icy escript le roy.

  LE ROY D'ESCOSSE

  Lembert, pour toy brief depeschier,
1365 Ce mandement reporteras
  A mes gens, et si leur diras
  Qu'il ne facent en nulle guise

Fors ainsi con je le divise
 Icy dedans.
  LEMBERT
Se jamais n'aie mal es dens,   1370
Mon chier seigneur, bien leur diray.
Ici plus ne sejourneray ;
 Je m'en vois, sire.
  LE ROY D'ESCOSSE
Or vas, et leur saches bien dire
 Ce que t'ay dit.   1375
  LEMBERT
Sy feray je sanz contredit.

Or me fault il d'errer penser
Ferme et fort, et ne vueil cesser
Tant qu'au chastel de Gort m'appére,
Que g'y voie du roy la mére,   1380
Qui m'a fait de donner promesse,
Dont elle m'a mis en leesce.
Je vois savoir que me donrra
Ne quelle bonté me fera,
Ains que plus tarde ne demeure.   1385
Hé ! g'y seray d'assez bonne heure.
Devant moy voy le chastel estre :
Dedens me vois bouter et mettre ;
G'y seray bien venuz, ce tien.

Ma dame, Diex y soit ! je vien :   1390
 Aray je boire ?
  LA MÉRE
Oil, Lembin, par saint Magloire !
 Que fait le roy ?
  LEMBERT
Bien, ma dame, foy que vous doy,
Au moins pour lors que le laissay ;   1395
Mais de son estat riens ne say

　　　　　Ne conment la feste se passe,
　　　　　Car je n'oy d'estre a court espasse
　　　　　Que tant conme ma lettre fist
1400　　　Et qu'il la me bailla et dist
　　　　　Que songneux fusse et diligens
　　　　　De la rapporter a ses gens
　　　　　　　De par deça.
　　　　　　　LA MÉRE
　　　　　Ne peut chaloir. Ça, le vin, ça,
1405　　　　　Et des espices !
　　　　　　　GODEFFROY
　　　　　Ma dame, je seroie nices
　　　　　Se je disoie : « Non feray. »
　　　　　En l'eure vous en porteray ;
　　　　　　　Querre le vois.
　　　　　　　LEMBERT
1410　　　Que peut c'estre ? je n'oy des moys
　　　　　Si grant sommeil conme il m'est pris
　　　　　Puis que j'entray en ce pourpris,
　　　　　Et si ne scé dont ce me vient.
　　　　　Ma dame, dormir me convient
1415　　　　　Avant toute heuvre.
　　　　　　　LA MÉRE
　　　　　Il ne fault mie qui requeuvre.
　　　　　Une foiz avant buverez
　　　　　Et des espices mangerez,
　　　　　　　Foy que doy m'ame.
　　　　　　　GODEFFROY
1420　　　Prenez les espices, ma dame,
　　　　　　　Devant le vin.
　　　　　　　LA MÉRE
　　　　　Sa ! j'ay pris : or porte a Lembin,
　　　　　S'en prendera.
　　　　　　　LEMBERT
　　　　　Je ne sçay se bien me fera,
1425　　　　　Tant ay sommeil.

LA MÉRE

Mais que nous arons beu, je vueil,
Godeffroy, que couchier le maines,
Et que de li couvrir te paines,
 Si qu'il dorme aise.

     Yci boivent sanz riens dire.

LEMBERT

Chiére dame, ne vous desplaise 1430
Se ci ne sui plus longuement :
Je m'en vois dormir ; vraiement
 Je n'en puis plus.

LA MÉRE

Or alez, Lembert ; que Jhesus
Vous doint, amis, bon somme prendre. 1435
Alez avec li sanz attendre
 Tost, Godeffroy.

GODEFFROY

Voulentiers, ma dame, par foy.
 Lembert, alons.

LEMBERT

Je vous pri que des piez balons 1440
 Pour y aler.

GODEFFROY

Or reposez sanz plus parler,
Puis que couchié estes, Lembert,
Et que vous estes bien couvert,
 Yci vous lais. 1445

LA MÉRE

Tu n'as pas fait trop grant relais
 Avec Lembert.

GODEFFROY

Puis que couchié l'ay et couvert,
Ma dame, n'est ce pas assez ?
Il n'a mestier, tant est lassez, 1450

Que de repos.
LA MÉRE
Bien est; or entens mon propos :
J'aray encore un po a faire
De maistre Bon, mon secretaire;
1455   Va le querir.
GODEFFROY
Je vois sanz moy plus ci tenir,
 Ma dame chiére.
LA MÉRE
Et je vois savoir quelle chiére
Fait Lembert tout secréement,

1460 Bien va, puis qu'il dort vraiement.
Sa boiste et ses lettres prenray,
Et ce que devisent saray
 Bien tost, ce puis.

GODEFFROY
Maistre Bon, bien a point vous truis.
1465 Encore a ma dame venir
Vous fault sanz vous plus ci tenir,
 Puis que vous mande.
LE SECRETAIRE
Si iray de voulenté grande,
Godefroy, car g'y sui tenuz.

1470 Chiére dame, je sui venuz
 A vostre mant.
LA MÉRE
Maistre Bon, a savoir demant
Que ceste lettre cy divise.
Lisez la moy, que la divise
1475 En puise entendre.
LE SECRETAIRE
Voulentiers, dame, sanz attendre.

« A noz feaulx maistres d'ostel.
Un mandement vous faisons tel :
Pour ce que mandé nous avez
Que dire a droit ne nous savez 1480
Quel hoir la royne a eu,
Dont elle gist ou a geu,
Tant est hideus a regarder,
Que vous le nous faciez garder
Et la mére en aucun destour, 1485
Car veoir a nostre retour
 Les desirons. »
  LA MÉRE
Est ce cela? Nous en ferons
Une autre, moy et vous, en l'eure.
Avant : escripsez sanz demeure 1490
Ce que je vous deviseray.
Voir, miex vous satisfieray
 Que ne pensez.
  LE SECRETAIRE
Chiére dame, j'aray assez
Tant con Dieu vie vous donra. 1495
Divisez ce qui vous plaira :
 Prest sui d'escripre.
  LA MÉRE
Mettez : « Le roy d'Escosse et sire.
Maistre d'ostel, point ne tardez,
Ces lettres veues, que n'ardez 1500
La Bethequine et sa portée
Sanz attendre heure ne journée ;
Car, se son fruit n'ardez et elle
Et oir en poüons nouvelle,
Sachiez si tost que nous serons 1505
Retourné, pendre vous ferons ;
 N'en doubtez point. »
  LE SECRETAIRE
Marie! c'est le plus fort point

De la besongne.
LA MÉRE

1510 Avant : ploiez la sanz prolongne
Et la cloez.
LE SECRETAIRE
Voulentiers, quant le me loez.
Vez la ci close.
LA MÉRE
Or ne m'y fault il qu'une chose :
1515 C'est le seel; bien l'i mettray,
Et cy dedans la bouteray.
Vouc! et sanz moy plus deporter,
Vois tost a Lembert reporter.
La manequine male joye
1520 Ara, se fas ce que queroie.

Fait ay par temps.

LEMBERT
S'autrement a errer n'entens,
Je pourray villenie avoir;
Il m'en fault faire mon devoir.

1525 Ma dame, prendre vien congié;
De ce que j'ay beu et mengié
Je vous mercy.
LA MÉRE
Lembert, puis que tu pars de cy,
Ne sçay quoy t'avoie promis,
1530 Vezcy cent florins, tien, amis,
Ayde t'en.
LEMBERT
Grans merciz, ma dame : en bon an
Vous mette Diex!
LA MÉRE
Va t'en, va; je te feray miex
1535 Une autre foiz.

LEMBERT

95 a   A Dieu, ma dame! je m'en vois.

Ne sera mais riens qui me tiengne
Jusqu'a tant qu'a Beruic viengne.
La cité voy, tant en sui près ;
De m'y bouter vueil estre engrès.   1540

Mes seigneurs, Dieu, qui de Marie
Voult faire sa mére et s'amie,
    Vous soit amis.
LE PREVOST
Lembert, amis, et il t'ait mis
    Huy en bon jour.   1545
DEUXIESME CHEVALIER D'ESCOSSE
Lembert, dites nous sanz sejour
Conment fait mon seigneur le roy,
Et conment il va du tournoy,
    S'en savez rien.
LEMBERT
Du roy, mes seigneurs, vous dy bien   1550
Que je le laissay en bon point;
Mais du tournay ne sçay je point,
S'il se fist ou non, c'est a court ;
Car de mon seigneur a la court
Ne fu que tant qu'il fist ma lettre   1555
Ly meismes, sanz autre conmettre.
Tenez, sire, je la vous baille ;
Mais de tant me chargea sanz faille
Que vous die que ne laissiez
Pour riens que vous n'acomplissiez   1560
    Ce qu'est escript.
DEUXIESME CHEVALIER
Ha! tresdoulx pére Jhesu Crist,
Vezci lettre ou a trop dur mot.
Venez avant, venez, prevost:
    Tenez, lisez.   1565

LE PREVOST

Voulentiers, se j'en sui aisiez.
Laz! vezci chose trop amére,
Que nous ardons et filz et mére.
Hé! biaux sire Diex, qui le meut?
1570 Esbahiz suis qu'estre ce peut :
    Trop m'en merveil.

DEUXIESME CHEVALIER D'ESCOSSE

Certes, se voir dire vous vueil,
Prevost, c'est nostre mort escripte ;
Car, se d'ardoir on les respite,
1575 Et ne faisons son mandement,
Mourir nous fera laidement;
Se nous les ardons, mal sera,
Car le peuple sur nous courra :
Ainsi n'y puis je regarder
1580 Que de mort nous puissons garder,
    Se Dieu n'en pense.

LE PREVOST

Elas! vezci dure sentence.
Voir, je plain le filz et la dame
Autant com je fas moy, par m'ame,
1585   Et plus assez.

LA FILLE

Seigneurs, dites moy que pensez.
A il que bien en ce pais?
Faire vous voy conme esbahiz
    Trop mate chiére.

DEUXIESME CHEVALIER

1590 Qu'en pouons nous, ma dame chiére?
Si devrez vous faire, pour voir.
Le roy sur corps et sur avoir
Nous mande que point ne tardons
Que vous et vostre filz n'ardons
1595   Sanz demourée.

LA FILLE

Ha! mére Dieu, vierge honnourée!

Me dites vous voir, mes amis?
A il en ceste lettre mis
 Tel mandement?
  Le prevost
Chiére dame, oil vraiement; 1600
Et y a qu'i nous fera pendre,
Se n'acomplissons sanz attendre
 Ce qu'i nous mande.
  La fille
Or me ressourt angoisse grande.
E! tresdoulce vierge Marie, 1605
Je croy qu'il ne soit femme en vie
Plus mal fortunée de moy.
E! doulx roy d'Escosse, et pour quoy
M'avez jugée a telle mort
Com d'ardoir? Certes, c'est a tort; 1610
Car je ne sçay en dit n'en fait
Que je vous aie tant meffait
Qu'ainsi par vous mourir deusse.
Encore se seulle morusse,
N'en fusse pas si adolée; 1615
    Cy baise son filz.
Mais de ceste doulce rousée
Qui est un si pur inocent,
Vostre voulenté s'i consent
Qu'il soit ars et la mére ensemble?
Ha! bon roy, par foy, ce me semble 1620
Trop dure chose et trop amére
Qu'un tel inocent et sa mére
Soient ars. Diex! le cuer me fent
De douleur. Ha! mon doulx enfent!
    Cy le baise.
Doulx filz, est ce par vos dessertes 1625
Ne par les moies? Nanil, certes :
Et pour ce je tien c'est envie.
E! biaux seigneurs, ma povre vie

Respitez, qu'ainsi pas ne fine
1630 Ne cest enfant; par amour fine
Et pour Dieu le vous vueil requerre.
Le cuer pour li de dueil me serre,
Quant je voy qu'il deust tenir
Conme roy terre, au parvenir,
1635 S'envie n'i meist discorde :
Si vous pri pour misericorde
Souffrez que loing de ceste terre
Je puisse aler noz vies querre
  Com povre femme.

DEUXIESME CHEVALIER

1640 Que ferons nous de ceste dame?
Dites, prevost, en amistié.
Elle m'a fait si grant pitié
En faisant ses doulces clamours
Que le cuer me font tout en plours;
1645 Et si fait l'enfant vraiement :
Si vous pri, regardons conment
  Nous en ferons.

LE PREVOST

Sire, bien nous en chevirons
A nostre honneur, se me creez.
1650 Se je dy bien, ne recreez
  De mon conseil.

DEUXIESME CHEVALIER D'ESCOSSE

Nanil; mais assentir m'y vueil.
  Prevost, or dites.

LE PREVOST

De sa mort serons trop bien quittes,
1655 Se nous faisons en ceste guise :
Qu'en un batel soit en mer mise
Ou en une vielle nacelle,
Et n'y ait que l'enfant et elle,
Et n'ait gouvernail n'aviron
1660 N'autres gens entour n'environ;

Ainsi par my la mer s'en voit
Au Dieu plaisir, qui la convoit
 Ou li plaira.
  DEUXIESME CHEVALIER
Vous dites bien ; ainsi sera.
Dame, pour voz piteux regrez   1665
De vous dire sommes touz prez
Que d'ardoir vous espargnerons;
Mais une autre chose ferons :
Il vous faudra, soit lait ou bel,
Que vous entrez en ce batel,   1670
Vous et l'enfant; et si n'arez,
Quant esquippée en mer serez,
Gouvernement se n'est de Dieu :
Ainsi relenquirez ce lieu;
 Le voulez vous ?   1675
  LA FILLE
Puis qu'il vous plaist, mes seigneurs doulx,
Je vous mercy plourant des yeulx.
Puis qu'a mourir vient, j'ayme mieux
Que noyons en la mer parfonde
Que prendre a la veue du monde   1680
 Par ardoir mort.
  LE PREVOST
Dame, vous n'avez mie tort.
Or avant : vostre enfant prenez
Et faites tost, si en venez
 Ysnel le pas.   1685
  LA FILLE ROYNE
Sire, je ne refuse pas
 Vostre gré faire.
  LA PREMIÉRE DAMOISELLE
Ha ! chiére dame debonnaire,
Departir de vous tant me gréve
Qu'a po que le cuer ne me créve.   1690
Certes, mie ne vous lairay;
Avec vous vivray et mourray.

Amée m'avez de cuer fin;
Et puis que de vous voy la fin,
1695 Certainement je seray celle
Qui enterray en la nascelle
Aussi tost conme vous ferez,
Et si mourray se vous mourez,
Tant vous ayme de bonne amour.
1700 Entrer cy dedens sanz demour
Vueil, puis qu'y estes.

DEUXIESME CHEVALIER

M'amie, grant folie faites;
Ne scé conment vous abelist.
Se vent léve et mer s'orgueillist,
1705 Vous noierez ysnel le pas.
Pour Dieu mercy n'y alez pas;
Creez conseil.

LA PREMIÉRE DAMOISELLE

Sire, aler avecques li vueil
Et moy pour elle a mort offrir,
1710 S'il fault que la doie souffrir,
Tant l'aime, voir.

LE PREVOST

M'amie, je vous fas savoir
De ce faire vous tien pour sote.
Boutons ce batel si qu'il flote.
1715 Ho! la mer de nous le depart.
Sire, alons nous ent d'autre part
Vers noz hostiex.

DEUXIESME CHEVALIER D'ESCOSSE

Alons! a Dieu, dame gentiex,
Qui vous soit aide et confort,
1720 Et, si li plaist, vous vueille a port
Saine mener!

LA FILLE

Mére Dieu, de dueil demener
Ay je cause? Certes, oil,

Quant cy me voy en tel peril
Que ne gars l'eure qu'en mer verse. 1725
Ha! Fortune, tant m'es perverse!
A bon droit or de toy me plains
Et com dolente me complains,
Qui m'as mis ou hault de ta roe
Et m'as puis jetté en la boe, 1730
Mais pis, car sanz gouvernement
Suy de haulte mer en tourment
Qui trop malement sur nous queurt.
Biau filz, se Dieu ne nous sequeurt,
Vous ne moy ne pouons durer 1735
Ne ceste mer cy endurer;
Et s'il estoit que je sceusse
De certain qu'en seur lieu fusse,
Si ay je bien cause de pleur
Et assez angoisse et doleur, 1740
Et tout pour vous, mon enfant chier :
Ne vous sçay lever ne couchier,
Ne si ne vous sçay de quoy paistre.
Ha! vierge de qui Dieu volt naistre,
De nous aidier ne soiés lente; 1745
Reconfortés ceste dolente
Et menés a port de salut.
Fleur de qui le fruit tant valut
Qu'il fu souffisant pour le monde
Jetter de la prison parfonde, 1750
Jettez nous de ce peril, dame,
Et faites com piteuse femme.
Vierge, perir ne me laissiez;
Mais a droit port nous adressiez
    De sauveté. 1755

NOSTRE DAME
Fil, pour l'infinie bonté

Qui en vous est, soiez d'accort
Que nous aillons donner confort
Celle dame la sanz attente,
Que paour de noier tourmente
　　En celle mer.
Dieu
Mére, vous la devez amer,
Car je voy qu'elle le dessert :
Vous et moy de cuer prie et sert,
Et porte en tresgrant pacience
Le mechief, l'inconvenience
Et la dure maleurté
Qui, sanz abatre, l'a hurté
Et encore la hurte fort.
Sus! alons li faire deport,
　　Sanz plus attendre.
Nostre Dame
Anges, pensez de jus descendre,
Et chantez, en nous convoiant,
Si hault c'on vous soit cler oyant.
　　Que chanterez?
Le premier ange
Dame, quanque conmanderez
　　De cuer ferons.
Deuxiesme ange
Gabriel, or ça, que dirons
　　En la alant?
Le premier ange
Mon ami, nous irons disant
Ce rondel ci sanz retraire.
Rondel
Tresdoulce vierge debonnaire,
Sejour de vraie humilité,
En qui Dieu prist humanité ;
Pour les humains d'enfer retraire
Souffri vo fil mort a vilté,

Tresdoulce vierge debonnaire,
Sejour de vraie humilité.
Pour ç'a chascune et chascun plaire
Doit qu'il vous serve, en verité, 1790
Et qu'il die par charité :
Tresdoulce vierge debonnaire,
Sejour de vraie humilité,
En qui Dieu prist humanité.

Dieu
Pour ce qu'en ta neccessité, 1795
Belle amie, m'ayde as quis
Et de cuer ma mére requis
Qu'elle te gardast de noier,
Ne te vueil je point denoier
Que n'acomplisse ta requeste. 1800
Ne crain plus de mer la tempeste,
Confortes toy.
La fille
Sire, sire, raison pour quoy?
N'est merveille se je la doubte.
Je voy puis ça, puis la me boute : 1805
Une heure hausse, une autre abesse.
De paour ay telle tristesce
Ne sçay que faire ne que dire.
Qui estes vous qui parlez, sire,
Si seurement? 1810
Dieu
Je sui qui fis le firmament,
Je sui qui toutes choses fis
De nient, je sui qui pére et filz
Sui de ma fille et de ma mére,
Je sui celui qui mort amére 1815
En croiz souffri pour toy, retien;
La fontaine sui de tout bien,
Sanz conmencement et sanz fin,

Qui par amour et de cuer fin
1820 Vien cy pour toy donner confort.
Aiez en Dieu bon cuer et fort :
Passé as ton plus grant meschief.
Ne t'en diray plus, mais qu'a chief
Venras de ce peril briefment.
1825 Anges et vous, mére, alons ment
Es cieulx arriére.

NOSTRE DAME

Belle amie, fay bonne chiére;
Je te dy, ne te doubte pas,
Que briefment en estat seras
1830 Aussi hault conme onques tu fus.
N'aies pas cuer vers Dieu confus.
M'amie, a Dieu !

PREMIER ANGE

Michiel, au partir de ce lieu,
Chanter nous fault.

DEUXIESME ANGE

1835 Si chanterons donc sanz deffault.
Or avant ! disons sanz nous taire.

RONDEL

Pour ç'a chascune et chascun plaire
Doit qu'il vous serve, en verité,
Et qu'il die par charité :
1840 Tresdoulce vierge debonnaire,
Sejour de vraie humilité,
En qui Dieu prist humanité.

LA FILLE

Sire Dieu, de la grant bonté
Qui par vous m'a cy esté faitte
1845 Mon cuer a vous loer s'affaitte :
C'est droiz, quant il vous a pleu,
Sire, que vous aie veu
Et celle qui vous a porté,

Qui si doulcement conforté
M'a, sire, et vous, qu'il m'est advis 1850
Qu'en gloire soit mon corps raviz.
Ce que m'avez dit bien perçoy,
Car a seiche terre me voy
    Estre arrivée.

Le senateur
Vous soiez la tresbien trouvée, 1855
Dame. Vous venez vous embatre
En ceste cité pour esbatre,
    Ou pour quoy querre?
La fille
Sire, pour Dieu vous vueil requerre
Et pour pitié, ne me rusez 1860
N'a moy rigoler ne musez;
Car en moy n'a ris ne jeu, certes.
J'ay fait puis un po trop de pertes,
Et si grans que n'espére mais
Que je les recuevre jamais, 1865
    S'a Dieu ne plaist.
Le senateur
Dame, je vous dy a court plait,
De vous rigoler n'ay courage;
Car je croy que de hault lignage,
A vostre semblant et maintien, 1870
Estes estraitte; ainsi le tien :
Pour c'en mon hostel vous menray
Et si vous y hebergeray,
    S'il vous agrée.
La fille
Pour Dieu, sire, en quelle contrée 1875
    Sui je venue?
Le senateur
Dame, vous estes descendue
    A Rome droit.

LA FILLE

Or me vueille Diex orendroit
Conseillier et reconforter.
Biau filz, nous avons a porter
   De haire assez.

LE SENATEUR

Je voy les corps avez lassez :
Venez vous ent avec moy, belle,
Et vous et vostre damoiselle ;
N'y pouez avoir deshonneur :
De la ville sui senateur
   Et si ay femme.

LA FILLE

Vous et li gart Diex de diffame !
   Or alons donc.

LE SENATEUR

Ne ferez pas chemin trop long :
Dame, nous y serons en l'eure.
Vezcy l'ostel ou je demeure.

Dame, faites nous chiére lie :
Je vous amaine compagnie,
   Regardez quelle.

LA FEMME DU SENATEUR

Elle me semble bonne et belle,
Mon seigneur, foy que je doy Dieu.
Bien veigniez, dame, en nostre lieu,
   Et vous, m'amie.

LA FILLE

Dame, l'umble vierge Marie
Soit de vous et du seigneur garde.
Certes, quant je pense et regarde
Conment de mon estat je change
Et que suis en pais estrange,
Ne scé conment me dure vie
Car je soloie estre servie,

Et il me fault devenir serve,
Se je vueil vivre, et que je serve,
   Ce qu'apris n'ay. 1910
     Le senateur
M'amie, je vous retenray
Voulentiers, se, pour desservir
Argent, vous pensez a servir.
   Qu'en dites vous?
     La fille
Grant merciz. De quoy, sire doulx, 1915
   Vous serviray je?
     Le senateur
A ce point vous responderay je :
Vous arez office ligiére ;
Vous serez, sanz plus, claceliére
De ceens : c'est ligier office 1920
Et a femme trop bien propice.
Vostre enfant nourrirez emprès.
De vostre damoiselle après
Je vous diray qu'il en sera :
En un mien autre hostel venra, 1925
Ou elle sera conme dame,
S'elle veult estre preude femme.
   Est ç'assez dit?
     La premiére damoiselle
Sire, n'y met nul contredit,
   S'il plaist ma dame. 1930
     La fille
Il me plaist, et de corps et d'ame,
Mon chier seigneur, vous serviray,
Par m'ame, au miex que je pourray :
   N'en doubtez point.
     La femme au senateur
Puis que nous sommes a ce point, 1935
Mon seigneur, or en amenez
La damoiselle ou dit avez

Isnellement.
LE SENATEUR
Or sa, damoiselle, alons ment
Ysnel le pas.
LA DAMOISELLE
Sire, ne refuseray pas
A y aler.

LE ROY D'ESCOSSE
Godemen, entens me parler :
En Ecosse a mes gens iras,
Mon retour savoir leur feras
Et que les truisse.
GODEMAN, *escuier*.
Sire, ne fineray, que puisse,
De faire tant que seray quittes
De leur dire ce que me dittes.
A Dieu! je m'en vois pié batant.

Dieu mercy! or ay j'erré tant
Qu'en Escosse sui arrivé.
Mes seigneurs, bien a point trouvé
Vous ay ci. Le roy vous salue
Et vous fait savoir sa venue;
De cy est près.
DEUXIESME CHEVALIER D'ESCOSSE
Godeman, et nous sommes prestz
D'aler a lui.
LE PREVOST
Ce sommes mon, n'y a celui.
Or avant : mettons nous a voie.
Ne fineray tant que le voie.
Est il tout sain?
GODEMAN
Oil, sire, par saint Germain,

La Dieu mercy.
Deuxiesme chevalier
Prevost, par foy, je le voy ci ; 1965
De venir tost ne vous faingniez.
Mon treschier seigneur, bien vegniez
  Et voz gens touz.
   Le roy d'Escosse
Maistre d'ostel, avançons nous
Tant que soions en mon manoir. 1970
Or ça, vous deux, dites me voir :
Conment va il de la royne
Et de son fruit ? tout le convine
  En vueil savoir.
   Deuxiesme chevalier
Sire, ardoir la feismes, voir, 1975
Ainsi con le nous escripsistes.
Et, certes, grant pechié feistes
De la faire ardoir, j'en sui fis ;
Mais plus grant pechié fu du filz,
Tant estoit belle creature. 1980
Miex vous ressembloit que painture
  C'on sceust faire.
   Le roy d'Escosse
Ne vous mandé pas ainsi faire,
Mais qu'ilz fussent en une tour
Touz deux jusques a mon retour 1985
  Tresbien gardez.
   Le prevost
Vezcy la lettre : regardez
  Se voir disons.
   Le roy d'Escosse
E ! Diex, si est grant traisons !
Qui s'en est osé entremettre ? 1990
Ne me mandastes vous par lettre
Que dire a droit vous ne saviez
Quel enfant d'elle eu aviez,

Et, ne fust pour moy mesaisier,
1995 Ars les eussiez en un brasier?
Je vous rescrips c'on retardast
Mére et filz, et c'on les gardast
    Tant que venisse.

DEUXIESME CHEVALIER

Sire, ce n'est pas nostre vice,
2000 Si m'aist li pére haultismes.
Voir est que nous vous escripsimes
Que ma dame un hoir masle avoit
Qui de fourme vous ressembloit :
    C'est le contraire.

LE ROY D'ESCOSSE

2005 Lembert, dy me voir sanz retraire,
Ou tu mourras, certes, a rage.
Quant a moy venis en message,
    Ou fu ta voie?

LEMBERT

Mon chier seigneur, se Dieu me voie,
2010 Du droit chemin ne destournay
Onques, fors tant que je tournay
A vostre mére pour li dire
Que ma dame avoit un filz, sire :
De quoy ma venue ot tant chiére
2015 Qu'elle me fist moult bonne chiére;
Celle nuit jus en son hostel.
Au retour de vous autretel,
    Mon seigneur, fis.

LE ROY D'ESCOSSE

Certes, par elle et femme et fis
2020 Ay perdu, si conme je croy.
Alez la querre, je vous proy,
Maistre d'ostel, et vous, prevost,
Et la m'amenez cy bien tost,
    Sanz li riens dire.

DEUXIESME CHEVALIER
Nous le ferons voulentiers, sire.
   Prevost, alons.   2025
         LE PREVOST
Soit, sire! Avant; des piez balons
   Touz deux ensemble.

         DEUXIESME CHEVALIER
Seoir la voy la, se me semble :
Nous sommes venuz bien a point.   2030
Dame, ne vous mentirons point,
Mon seigneur est venu de France,
S'a de vous veoir desirance :
Si vous prie ne vous tenez
Qu'avec nous a li ne venez   2035
   Conme s'amie.
         LA MÉRE
Ce ne vous refuse je mie,
Acomplir vueil vostre requeste.
Alons; de li veoir me haitte.

   Filz, bien vegniez.   2040
         LE ROY D'ESCOSSE
Dame, près de moy vous joingniez.
Je vous jur, ou voir me direz,
Ou maintenant arse serez.
Conment fu ceste lettre faitte
Et une autre, que n'ay pas traitte   2045
   Ne avant mise?
         LA MÉRE DU ROY D'ESCOSSE
Me tenez vous pour ce si prise?
Certes, mentir n'en deigneray :
La verité vous en diray.
J'avoie grant dueil qu'aviés pris   2050
   Une femme de si bas pris
Que ce n'estoit qu'une avolée

C'on ne savoit dont estoit née,
Que la mer cy jettée avoit.
2055 Encore si meschant estoit
Qu'elle avoit perdu une main;
Et pour le dueil que soir et main
Avoie d'elle ay je bracié
Ce dont sa mort ay pourchacié.
2060 Il n'appartient point, non, a roy
Avoir femme de tel arroy.
Marier, biau filz, vous pourrez
Plus haultement quant vous voulrez,
Puis qu'elle est morte.

Roy d'Escosse

2065 Est ce quanque de vous em porte?
Par mon chief, j'en seray vengiez,
Ains que mès buvez ne mengiez;
Jamais ne ferez traison.
2070 Alez la me mettre en prison;
Alez; faittes tost sanz attente.
N'en partira mais, c'est m'entente,
Jour que je vive.

Premier chevalier

Mon treschier seigneur, pas n'estrive
De faire ce que conmandez.
2075 Dame, pardon li demandez
De ce meffait.

Roy d'Escosse

Ja pardon ne l'en sera fait,
Se Dieu m'aist.

Premier chevalier

Alons men donc, puis qu'en son dit
2080 Se tient si ferme.

Roy d'Escosse

S'elle t'eschappe, je t'afferme
Pour li mourras.

XXIX LA FILLE DU ROY DE HONGRIE

LA MÉRE

Filz, s'il te plaist, parler m'ourras
Une autre foiz.

ROY D'ESCOSSE

Et vous, foy que doy sainte Foiz, 2085
Puis qu'avez ars ma femme en cendre
Et mon filz, je vous feray pendre
Touz deux aussi.

DEUXIESME CHEVALIER

Ha! chier sire, pour Dieu, mercy!
Se nous en mourons, c'est mal fait. 2090
Entendez conment l'avons fait :
Quant on nous bailla celle lettre
De ma dame et de son filz mettre
A mort, nous fusmes touz pensis ;
Mais le prevost, qui fu sensis, 2095
Dist qu'ainsi pas ne le ferions,
Mais qu'en la mer nous les mettrions
Et ainsi les lairions aler
Sanz ostilz pour les gouverner,
Conme avirons, voille ne mat.
Au departir fu chascun mat, 2100
Dolens et tristes.

ROY D'ESCOSSE

Puis qu'il est ainsi con vous dites,
J'espoir que Diex sauvée l'a ;
Et puis que j'en sçay jusques la, 2105
De mourir vous respiteray,
Mais avecques moy vous menray
Pour la querir.

LE PREVOST

Et nous irons de grant desir,
Sire ; mais ou pourrons aler 2110
Que puissons d'elle oir parler ?
Ci est le fort.

LE ROY D'ESCOSSE

Seigneurs, je pren en Dieu confort,
Et li fas veu et a saint Pierre
Qu'a Rome je l'iray requerre
Et deprier tout avant euvre
Que d'elle avoiement recuevre,
S'elle est en vie ne son filz.
Alons men, alons; je suy fiz
  Dieu m'aydera.
  DEUXIESME CHEVALIER
S'il lui plaist, voirement fera;
Je n'en doubt goute.

LE ROY DE HONGRIE

Seigneurs, je vueil aler sanz doubte
Moy confesser a Romme, au pape,
Ains que mort me prengne ne hape.
Je senz mon cuer trop empeschié
Pour ma fille de grant pechié,
Que j'ay fait sanz cause mourir;
Si en vueil aler requerir
  Remission.
DEUXIESME CHEVALIER DE HONGRIE
Sire, c'est vostre entencion,
Je le voy bien, qu'elle soit morte;
Mais, pour verité vous ennorte,
De la faire ardoir n'oy talent :
Ainçois en un petit chalent
Toute seule en mer l'envoyay,
Et ainsi envoie l'ay
  Au Dieu vouloir.
  LE ROY DE HONGRIE
Est il voir, amis?
  DEUXIESME CHEVALIER
    Oil, voir;

Mais sachiez, sire, que puis d'elle 2140
Ne fu qui me deist nouvelle;
   Je vous dy bien.
  Le roy de Hongrie
Or va miex. Mon amy, je tien
Que Diex ou que soit l'ait sauvée,
Et qu'encore sera trouvée. 2145
Vous et vous, qui estes my homme,
Avecques moy venrez a Romme :
   C'est mes assens.
Le premier chevalier de Hongrie
Sire, de bon cuer me consens
   A y aler. 2150
  Le roy de Hongrie
Avant : mouvons sanz plus parler;
   Tart m'est qu'i soye.

  Le senateur
Sire, se Jhesus vous doint joie,
Qui est ce seigneur qui ci vient?
Il se porte et si se maintient 2155
   En grant arroy.
  Premier chevalier d'Escosse
Amis, c'est d'Escosse le roy,
   Je vous promet.
   Le senateur
Sire, touz mes biens vous soubzmet.
Puis qu'en ceste ville venez, 2160
Je vous pri, mon hostel prenez :
Je sui celui qui diligens
Seray d'aisier vous et voz gens
   Bien, n'en doubtez.
  Le roy d'Escosse
Doulx sires, qui telles bontez 2165
M'offrez, je vous tien a courtoys.

Estes vous marchant ou bourgoys
Ou du conmun?
LE SENATEUR
Sire, des senateurs sui l'un,
C'est de la ville conseillier.
Devant vous vois appareillier
Chambre et estables.
LE ROY D'ESCOSSE
Puis que m'estes si amiables,
Or alez; nous vous suiverons,
Ne moy ne mes gens ne prendrons
Point d'autre hostel.
LE SENATEUR
Dame, or tost : ne pensez a el
Fors conment nous receverons
A honneur un hoste qu'arons
Tout maintenant.
LA FEMME AU SENATEUR.
Mon seigneur, bien soit il venant.
Qui est il, sire?
LE SENATEUR
Dame, je le vous puis bien dire :
C'est le roy d'Escosse sanz doubte;
Nous arons li et sa gent toute
A noz despens.
LA FEMME
De par Dieu, mon seigneur, je pens
Que nous porterons bien le fais;
Et si seront touz aises fais,
S'en sui creue.
LE SENATEUR
Je sçay bien qu'estes pourveue
Assez de linge et de vaisselle
Et d'autres choses. Conme celle
Qui scet bien qu'a tel seigneur fault,
Gardez que de riens n'ait deffault

Qu'il vueille avoir.
LA FEMME
Mon seigneur, non ara il voir ;
N'en doubtez mie.
LA FILLE
E! tresdoulce vierge Marie, 2200
Dame, conment me cheviray?
Se le roy me treuve, j'aray
Honte du corps, j'en ay grant doubte.
Miex vault qu'en ma chambre me boute
Et la me tiengne toute coye
Que ce qu'il me treuve ne voye. 2205
Voir, j'ay de ly paour trop grant :
Pour ce de moy mucier engrant
    Vueil en l'eure estre.
ROY D'ESCOSSE
Sa! biaux hostes, je me vien mettre
En vostre hostel, mais qu'il vous siesse. 2210
Icy vueil seoir une piéce :
    D'errer sui las.
LE SENATEUR
Mon seigneur, par saint Nycolas,
Vous soiez li tresbien venuz,
Et ne vous soussiez : se nulz 2215
A rien de bon, vous en arez ;
De quanque vous demanderez
    Je fineray.
LA FEMME AU SENATEUR
De vous servir me peneray,
    Chier sire, aussi. 2220
ROY D'ESCOSSE
M'amie, la vostre mercy.
Or me dites voir, par vostre ame,
Estes vous de ceens la dame?
    Je croy qu'oil.

LA FEMME

2225 Se je respondoie nanil,
Je fauldroie a verité dire;
Car une foiz m'espousa, sire,
D'annel benoit.

LE SENATEUR

Sire, puis qu'elle le congnoit,
2230 Je confesse qu'elle dit voir;
Car elle me vouloit avoir
A toutes fins.

LA FEMME

Diex! que vous, hommes, estes fins!
Certes, je n'y pensoie mie,
2235 Sire; mais une seue amie
Se trait vers ceulx de mon lignage
Et fist tant que le mariage
Se consonma.

L'ENFANT

Egar coment ma chose va!
2240 Ho! je la voy.

Ici jette l'annel et s'en jeue.

LE ROY D'ESCOSSE

Qui est ce valleton? Par foy,
Il a un gracieux visage,
Et si est appert de son aage.
Qui est il filz?

LE SENATEUR

2245 On me met sus que je le fis.
Di je voir, femme?

LE ROY D'ESCOSSE

Vien avant, mon enfant. Par m'ame,
Tu es bel et doulx, dire l'ose.
Or sus, donnes moy celle chose
2250 Que tiens; ça vien.

LA FEMME

Donnez li, biau filz, donnez.

L'enfant

Tien;

Est-elle belle?

Le roy d'Escosse

Oïl, par la vierge pucelle.
E! Diex, c'est l'annel qu'une foiz
Donnay, moult bien le recongnoiz,　　2255
A m'amie que j'ay perdue.
Ha! dame, qu'es tu devenue?
Pour toy sui triste et en douleur

. . . .

Par ceste enseigne.　　2260

Le senateur

Sire, qu'avez vous qu'il conveigne
Que les lermes des yeux vous chéent?
Ne voz honneurs point ne dechéent,
Ne mal n'avez.

Le roy d'Escosse

Ha! biaux hostes, vous ne savez　　2265
A quoy je pense maintenant.
Engendrastes vous cest enfant
Par vostre foy?

Le senateur

Oïl, mon chier seigneur. Pour quoy
Le demandez?　　2270

Le roy d'Escosse

Par celle foy qu'a Dieu devez,
Et par vostre crestienté,
Dites m'en pure verité
Sanz alentir.

Le senateur

Voulentiers, sire, et senz mentir.　　2275
Il a bien trois ans, voire quatre,
Que sur la mer m'aloie esbatre;
La vy venir une nasselle
Atout une dame tresbelle,

2280 Mais elle n'avoit qu'une main;
Et estoit entre soir et main.
Je ne scé dont elle venoit;
Mais aviron ne mat n'avoit:
Merveille oy qu'en mer ne noya.
2285 Et quant je vy ce, j'alay la,
Si la trouvay conme esgarée,
Moult doulente et moult esplourée;
En ses braz cel enfant tenoit,
Dont nouviaument jeu avoit.
2290 Je ne scé qu'en mer li avint;
Mais pitié d'elle au cuer me vint
Si grant que je l'en amenay.
Seens depuis gardée l'ay
Moult chiére dame; et a voir dire,
2295 Elle est femme de grant bien, sire,
Et po parliére.

LE ROY D'ESCOSSE

Pour Dieu, se riens y vault priére,
M'ostesse, je vous vueil requerre
Que vous l'ailliez ou elle est querre
2300 Et amener.

LA FEMME

Pour vostre amour m'en vueil pener,
Chier sire, et si ne demourray
Point que cy la vous amainray.
Vez la ci, sire.

Ici ira le roy acoler sa femme sanz riens dire, et se pasmeront.

LE SENATEUR

2305 L'un ne l'autre ne peut mot dire,
Tant ont les cuers de pitié plains!
Après orrez vous uns complains
Doulx, sanz demour.

LE ROY D'ESCOSSE

Ma doulce compaigne, m'amour,
2310 Mon bien, ma joie, mon solaz,

100 c   Pour Dieu, conment t'est il? Helaz!
Assez m'as fait souffrir meschief;
Mais ne m'en chaut : j'en suis a chief,
    Quant je te tien.
        LA FILLE
Mais moy, mon chier seigneur, combien 2315
Cuidez vous que j'en aye eu ?
Quant je vy, dès que j'oy jeu,
C'on me voult ardoir sanz desserte,
Et mon filz aussi mettre a perte ;
Et puis, quant j'en fu respitée   2320
Et que je fu en mer boutée
Sanz avoir qui me gouvernast,
Cuidiez vous que point me grevast?
Car souvent la mer par mainte onde
Jouoit de moy conme a la bonde   2325
Et me jettoit puis ça, puis la,
Jusqu'a tant que Diex m'amena
Au port ou me prist ce seigneur,
Qui m'a fait voir bonté greigneur
Que desservir ne li pourroye.   2330
Mais tournez sont mes pleurs en joie,
    Quant je vous voy.
        LE ROY D'ESCOSSE
M'amie, ainsi est il de moy :
Et pour ce vueil, sanz plus attendre,
Aler ent a Dieu graces rendre   2335
    Et a saint Pierre.
        LA FILLE ROYNE
Aussi vueil j' : alons y bonne erre,
Mon seigneur, tantost y serons.
Sachiez le pape y trouverons;
Car faire y doit le Dieu servise   2340
Et le saint cresme : c'est la guise,
Pour ce qu'il est le jeudy saint,
Que Diex après la cène saint

Le drap dont les piez qu'il lava
2345 A ses apostres essuia;
Et pour l'absolte aussi qu'il donne
Des pechiez a toute personne
  Vray repentant.
   LE ROY D'ESCOSSE
Or sus, sanz plus ci estre estant,
2350   Seigneurs, mouvez.

LE PREMIER CHEVALIER DE HONGRIE
Sire, grant joie avoir devez
Qu'au jour d'ui nous sommes a Romme;
Car le pape, qui est preudomme,
En l'eglise saint Pierre ira,
2355 Ou l'absolte au peuple fera,
  Si conme on dit.
DEUXIESME CHEVALIER DE HONGRIE
C'est pour ce qu'a la sène sist
A ce jour Jhesus li grans maistres,
Ou il fist ses apostres prestres;
2360 Et pour celle solempnité
Fait hui le pape, en verité,
  Tout le servise.
  LE ROY DE HONGRIE
Je vous dy voulenté m'est prise
Que ne buvray ne mengeray
2365 Tant qu'au servise esté aray :
  Pensons d'aler.

  LE PAPPE
Vien avant, entens me parler,
Colin : vaz me de l'iaue querre
Tant que m'emples les fons saint Pierre.
2370   Or le fay brief.
   LE CLERC
Ce n'est pas conmandement grief :

G'y vois, saint pére.

LA FILLE
Mon seigneur, je voy la mon pére;
Suivez moy : certes a ly vois.
Treschier sire, bien vous congnoys : 2375
 Regardez moy.

LE ROY DE HONGRIE
Ma doulce fille! et Diex! pour toy
Ay souffert en set ans passez
Pène et doulour et mal assez,
Annuy, courroux et grant mesaise. 2380
Acole moy, fille, et me baise.
 Conment t'est il ?

LA FILLE
Bien ; mais j'ay puis en maint peril
Esté que vous ne me veistes,
Et depuis que vous me perdistes 2385
Ay j'eu grant estat aussy :
Le roy d'Escosse, que vezcy,
Seue mercy, m'a espousée ;
Pour lui sui royne clamée
 D'Escosse et dame. 2390

LE ROY DE HONGRIE
Sire, puis qu'elle est vostre femme,
Je vous puis bien tenir pour filz.
Estes vous ne certain ne filz
 Dont elle est née ?

LE ROY D'ESCOSSE
Nanil, par la royne honnourée, 2395
De son lignage rien ne sçay ;
Mais, s'il vous plaist, je le saray
 A ceste foiz.

LE ROY DE HONGRIE
Biau filz, de Hongrie sui roys ;
Sa mére aussi en fu royne, 2400

Qui fu dame de franche orine,
    Courtoise et sage
      Le roy d'Escosse
Sire, puis que sçay son lignage,
Plus grant joie en ay que devant ;
Onques mais jour de mon vivant
    Ne le seu mais.
    Le premier chevalier d'Escosse
D'aler nous avançons huy mais,
Mes seigneurs, se voulez venir
A temps pour le servise oir :
    Il est haulte heure.
      La fille
Il dit voir : alons sanz demeure.
De ceci bien recouvrerons
A parler : pas ne partirons
    Si tost d'ensemble.

    Le premier chevalier de Hongrie
Le pape voy la, se me semble,
Ou se siet : c'est trop bien a point.
Son service encore n'a point
    Enconmencié.
      Le clerc
Saint pére, sachiez j'ay laissié
Les fonz touz vuiz. Dire vous vien
Une chose dont moult me crien :
A la riviére n'ay peu
Puiser, pour pouoir qu'aie eu,
Goute d'yaue ; ains la me toloit
Une main, qui touz jours venoit
En flotant jusques a ma seille :
Dont j'ay eu trop grant merveille ;
Et quant j'ay veu qu'autrement
N'en cheviroye nullement,
En mon siau l'ay laissié entrer

Pour la vous, saint pére, apporter :
Vez la ci, je la vous apport;
Dites, s'il vous plaist, sanz deport,
 C'on en fera.

Le pape

Je tien que Dieu nous monsterra   2435
(Met cy) par elle aucun miracle
De fait, qui m'est encore ostacle
 Et non sceu.

La fille

Celle main que vous ay veu
Bailler et que tenir vous voy   2440
Fu, saint pére, jadis de moy;
De ce braz ci la me copay
Pour mon pére, que je n'osay
Contredire de son vouloir,
Qui me vouloit a femme avoir;   2445
 Ce n'est pas doubte.

Le pape

Trai te ça, ma fille, s'acoute :
Ou fuz tu née? dy le moy,
 Et de quelx gens es, ny a quoy
  Tu la cognois.   2450

La fille

Saint pére, a la façon des dois.
Le roy de Hongrie est mon pére,
Et royne aussi fu ma mére.
Vez le la, faites le venir.
Se je mens, faites moy punir :   2455
 Je le vueil bien.

Le pape

Belle fille, or entens : ça vien.
Tu te meis en grant peril.
Je te demans, combien a il
 Que la copas?   2460

La fille

Saint pére, n'en mentiray pas :
Il a set ans, voire passez;
Et sachiez j'ay plus chier d'assez
Qu'en mon corps ce meshaing appére
Qu'eusse esté femme a mon pére
Ne qu'il faulsist que le congnusse
Ne li moy, ne qu'enfans eusse
   De sa semence.

Le pape

Or paiz, touz, et faites scillence,
Et priez Dieu devotement
Qu'il nous face demonstrement
Se c'est la main que se copa
Ceste dame, si con dit a.
Ça ce braz, sa, ma fille belle!
Je vueil esprouver se c'est elle :
   Tost le verray.

La fille

Sire, mon braz deslieray,
Si verrez dont elle parti
Quant de la coper m'aparti.
   Veez, saint pére.

Cy touche le páppe la main au braz.

Le pape

Royne des cieulx, de Dieu mére,
Vezci miracle trop appert :
La main s'est rejointe, et n'y pert
Goute c'onques partist du braz.
Fille, ton cuer en grant solaz
   Doit bien ore estre.

La fille

Loez soit Diex, le roy celestre !
Contre les meschiez granz et troubles
Qu'ay porté me rent a cent doubles
Au jour d'uy noble guerredon :

Trouver m'a fait mon compaignon
Qui de son bien me golousa
Tant que par amour m'espousa ;
Si ne savoit il qui j'estoie,
Quant me prist, ne quel non j'avoie ; 2495
De ceste treuve cy endroit
Se j'ay joie, j'ay trop bien droit :
Je servoie conme meschine,
On me servira con royne.
Après, mon pére voi cy près 2500
De moy festoier si engrès
Qu'il ne scet que faire me doye :
Ce m'est une seconde joie,
Car ne le vy mais puis set ans.
Mais celle que plus sui sentans 2505
Et que plus a mon cuer amain,
C'est que recouvré ay ma main
Et que du tout m'en puis aidier
Aussi que faisoie au premier :
Dont je graci le roy de gloire 2510
Et sa tresdoulce mére encore
  Et touz les sains.
  LE PREMIER CARDINAL
Saint pére, on en doit bien les sains
  Sonner de joye.
  DEUXIESME CARDINAL
Vous dites voir, se Dieu me voie, 2515
  Et hault chanter.
  LE PAPE
Seigneurs, pensons de nous haster
D'aler endroit en ma chappelle,
Tandis que la chose est nouvelle,
Et avant que nous aions presse : 2520
La pourrons chanter par leesse
A nostre aise et devotement.
Vaz dire, vaz appertement,

A mes chappellaims que cy viengnent
2525 Et que compaignie nous tiengnent;
Si chanteront a haulte alaine
En alant une belle antaine.
  Vas les me querre.
  Le clerc
Saint pére, voulentiers, bonne erre.

2530 Seigneurs, cy plus ne vous tenez;
Devant le saint pére venez
  Touz : il vous mande.
  L'un pour touz
Si yrons, puis qu'il nous demande :
  C'est de raison.

  Le pape
2535 Tost seigneurs : sanz arrestoison,
En alant jusqu'a ma chappelle,
Chantez m'une louenge belle
De la mére Jhesu le roy.
Avant: mettez vous en arroy.
2540   Qui l'emprendra?
  Le chappellain
Je sui qui la conmencera,
  Quant vous plaist, sire.

Explicit.

XXX

MIRACLE

DE

SAINT JEHAN LE PAULU, HERMITE

PERSONNAGES

Saint Jehan le Paulu
Le prescheur
L'ennemi
Premier chevalier
Deuxiesme chevalier
Le roy
Premier sergent
Deuxiesme sergent
Premier veneur
Deuxiesme veneur
La fille
La femme
Le mari, Robert
La ventriére, Gertru
La chamberiére, Ysabelot
Dieu
Nostre Dame
Saint Jehan
Gabriel
Michiel
Le valeton, Jehannin
L'enfant
Les clers

Cy conmence un miracle de Nostre Dame de saint Jehan le Paulu, hermite, qui par temptacion d'ennemi occist la fille d'un roy et la jetta en un puiz, et depuis par sa penance la resuscita Nostre Dame.

JEHAN LE PAULU
 Biau sire Dieu, pére poissant,
 Vueilliez en moy estre acroissant
 Vertuz et euvres de merite,
Par quoy de pechié m'ame acquitte,
Si que quant elle partira 5
Du corps et a vous s'en ira,
Que pure et nette la vous rende.
Il est meshuy temps que je tende
A aler oir le sermon
Que doit faire maistre Simon, 10
Soubtilz, si com l'en ma conté.
Bien a point vien; il est monté.
Je vueil ici prendre ma place
Avant que sa priére face
 Ne qu'il conmence. 15
 LE PRESCHEUR
 Or paiz et faites touz scillence.
Ecce quam pulcra es, amica mea; ecce tu pulcra; occuli tui columbarum. En la loenge de la vierge benoite se peine toute sainte escripture et estent tant comme elle peut, maintenant par diz de prophètes,

maintenant par tesmoingnages d'evangelistes et maintenant par chançons de jouvencelles ; mais aussi conme se tout ce ne souffise, souvent l'amoureux Jhesu son espoux et qui est son filz est ramené a la loenge de ceste espouse, et mesmement es paroles proposées, qui veulent ainsi dire en françois : Vezci que tu es belle, m'amie, vezci que tu es belle : tu as yex conme de coulon. Esquelles paroles il la loe en trois maniéres : et premiérement de nom, quant il la nomme amie ; secondement de biauté, quant il dit : Tu es belle, et tiercement de semblance, quant il la compare a coulombe. Ce sont trois choses dont la vierge benoite pour qui honneur et reverence nous sommes ci assemblez est loée de son espoux le benoit Jhesu, c'est assavoir qu'elle est amie, qu'elle est belle, qu'elle est coulombe. Donques est bien celle dame beneuréé qui de Dieu est ainsi appellée. Elle est appellée amie pour signiffier et noter la singularité de s'amour. Vous devez savoir que toutes les saintes ames sont amées de Dieu, mais ceste est s'amie singuliére, car ceste ci il ama singuliérement, sa pensée, sa char et son nom ; sa pensée treblement il ama, car de touz vices la purgea et saintiffia, dont David dit : Le treshault, c'est Dieu, a saintiffié son tabernacle, c'est la vierge benoite ; après de grace la raempli et adorna, *Ecclesiastici* xxxvi° : Remplis Syon de biens sanz nombre, ce fu de vertuz et de graces ; et après a lui Diex la joint et aglutina, et ce il est dit des anciens péres *Deuteronomio* iiii° : *En patribus tuis aglutinatus est Dominus et amavit eos* : que Dieu s'est a eulx adjoint et aglutiné et les a amez, combien plus s'est il adjoint a ceste vierge en laquelle il prist nostre humanité, qui souverainement a Dieu s'aherdi ne oncques ne s'en departi. Et a ces trois choses, c'est assavoir que Diex la pensée de la vierge purgea et saintiffia, de graces raempli et aourna, et qu'a li se joint et aglutina peuent estre ramenées trois paroles que dit Gabriel quant il la salua ;

la ou il dit *Ave* peut estre ramené a ce qu'elle fu de
tout vice purgée, la ou il dit *gracia plena* a ce qu'elle
fu de grace raemplie et adournée, la ou il dit *Dominus
tecum* qu'elle fut a Dieu jointe et assemblée. Et ainsi
il ama sa pensée. Après il ama sa char treblement, car
il la fist plantureuse et la fecunda, c'est que fruit elle
porta, d'estre violée la garda, eten la fin la glorifia. Il la
fist plantureuse et la feconda, et ce disoit Ysayes par
desir : *Aperiatur terra,* etc. : soit ouverte la terre a ce
qu'elle germe le sauveur; par la terre je entens la char
de la glorieuse vierge de laquelle nasqui le sauveur du
monde. Après ceste char de estre violée il garda, car elle
conçupt vierge, elle enfanta vierge et après l'enfanter
elle demoura vierge. Et en la parfin si la glorifia que
onques a corrupcion n'ala, mais sur toutes choses la
beney et saintiffia. Et en signe de ce dit saint Jehan en
l'Apocalipse qu'il vit une dame affublée du soleil, qui
avoit une couronne de douze estoilles en son chief et *103 d*
la lune soubz ses piez. De laquelle figure exposer je me
passe pour cause de briété, mais je dy aussi que son
nom il ama, car il le voult de toute corrupcion de dif-
fame garder, et pour ce, entre les raisons pour quoy la
vierge fu mariée et espousée, une si est pour ce que nul
n'eust cause de la diffamer du diffame de adultére, dont
saint Ambroise dit en la glose sur saint Luc, qui savoit
que la renommée de chaasté perdue cuert ligiérement
et lubre, que Dieux ama miex que on doubtast de sa
naiscence que de la chaasté et purté de sa mére, ne il
ne voult onques qu'en sa mére peust estre trouvée in-
jure ne blasme pour cause de sa naiscence. Oultre il a
volu son nom en la loenge du peuple eslargir et dilater,
dont la vierge dit en sa cantique : Vezci que toutes
generacions m'appelleront beneurée. Mais oultre je dy
que ce nom en la vertu de miracles il a volu essaucier.
Pour quoy ? pour ce que d'elle peut estre dit : *Nardus
mea dedit odorem suum :* ma narde a donné s'oudeur.

La narde de Marie, c'est l'umilité de Marie. La narde est une petite herbe et basse et de chaude nature, et de quoy on fait precieux ongnémens, et en ce j'entens la subjeccion et l'affeccion et la devocion de Marie, et ces trois choses jointes ensemble merveilleusement donnérent grant odeur et flairérent bon devant Dieu. Pour ce est il dit qu'elle a donné son odeur, voire si grant qu'elle n'est pas espandue ou monde seulement, mais

104 a ou ciel. Et par ceste odeur fu appaisié et reconsilié l'umain lignage a Dieu; et pour si grant odeur qu'elle a donné elle est ou plus seur lieu de paradis par sa tresferme foy; elle est ou plus hault par sa tresgrant humilité; elle est ou plus pur par sa tresgrant chasté et par sa nette virginité; elle est ou plus glorieux par sa vraie amour et par l'excellence de sa grant charité; du quel lieu, par les merites de ceste vierge, Dieu nous face touz parçonniers et citoiens, si qu'en ame et en corps nous y aions sanz fin demour.

     JEHAN PAULU
    Benoite soit l'eure et le jour
    Que de femme nasqui tel homme :
    S'il estoit cardinal de Romme,
20   Si a il haultement preeschié.
    Certes pour mains estre empeschié
    De toutes les choses mondaines
    Et de cogitacions vaines
    Qui sont de l'ame en grant dommage
25   M'en revoys en mon hermitage,
    Et la Dieu vous de cuer servir
    Pour vostre grace desservir
    Et pour vostre voulenté faire;
    A ma char vestiray la haire
30   Aspre et poingnant dès ores mais,
    Ne ne viveray d'autres mais
    Que de pain d'orge et de racines;

Et dès mie nuit mes matines
Est m'entencion que je die,
Se ne m'occupe maladie 35
Telle que je lever ne puisse.
Ha! vray Dieu, donnez moy que truisse
 Envers vous grace.

  L'ENNEMI

Haro! ne sçay conment je brasse
Que cel hermite la deçoive 40
Si que de moy ne s'aperçoive.
En li n'a orgueil ne bouffoys :
Je l'ay tempté par maintes foys
De largement mengier et boire,
De luxure et de vaine gloire ; 45
Mais plus li fais temptacion,
Plus se met en devocion ;
Ainsi ne le puis attrapper
Ny en fait de pechié happer,
Mais pour ce ne le lairay pas, 50
Ains m'en iray vers li le pas
En fourme d'omme li requerre
Que pour l'amour de Dieu acquerre
A li servir me vieng offrir
Et qu'il lui plaise moy souffrir 55
 Son vallet estre.

  JEHAN

Dame des cieulx, de qui voult naistre
Jhesus, qui mourir a vilté
Voult par excellent charité
Pour nous la gloire des cieulx rendre, 60
Dame, je vous pri que descendre
Vostre grace faciez en my,
Que des agaiz a l'ennemy

Et des assaulx que tempre et tart
65 Me fait souvent, vierge, me gart,
Que n'y enchiée.

L'ENNEMI

Sire, s'il vous plaist ma pensée
Et ma voulenté escouter,
Je la vous diray sanz doubter
70 Benignement.

JEHAN

Amis, dites hardiement
Ce qu'a dire avez empensé;
Ja de moy n'en serez tensé.
Que voulez dire?

L'ENNEMI

75 De demourer ay grant fain, sire,
Avec vous, se c'estoit voz grez.
Mais que vous n'en fussiez grevez,
Par si que vous et Dieu servisse
Sanz nul loyer que j'en queisse
80 Mais que ma vie.

JEHAN

Amis, se vous aviez envie
De servir a Dieu et a moy,
Ne doubtez point en bonne foy
Que bien ne vous guerredonnasse,
85 Mais qu'en vous loyauté trouvasse,
Paix et amour.

L'ENNEMI

Sire, s'avec vous fas demour,
Je feray ce que me direz,
Si que je croy que vous serez
90 Content de moy et m'arez chier.
Nullui n'ay apris a trichier,
Je vous promet.

JEHAN

Vien avant; avec moy te met.

J'ay fiance que tu bon soies;
Et par foy se tu ne l'estoyes 95
Ce seroit a toy grant hontage.
Tu as biau corps et doulx visage
Et de bon lieu me sembles estre.
Or me contes de ton ancestre
 Et ou fuz nez. 100

L'Ennemi

Sire, pour verité tenez,
Combien que ci me soie traiz,
Que je sui de bon lieu estraiz;
Et a tant vous souffise, sire,
Que je ne vous en puis plus dire 105
 Ne ne diray.

Jehan

Donques, amis, je m'en tairay,
Mais que sanz plus sache ton nom :
Je croy n'es murtrier ne larron
 Pour le celer. 110

L'Ennemi

C'est voirs; on me seult appeller
Huet, et a ce nom respons.
N'en doubtés point, ne me respons
 Quant on m'i huche.

Jehan

Huet, tien, pren me ceste cruche 115
Et si nous vaz de l'iaue querre
A la fontaine. Or fai bonne erre :
 Point n'en avons.

L'Ennemi

Biau pére, assez tost en arons
 A grant foison. 120

Jehan

Or vas et sanz demouroison
 Trop longue faire.

L'ENNEMI
Ne doubtez que tost ne repaire,
Biau pére, cy.

PREMIER CHEVALIER
125 Mon chier seigneur, s'il fust ainsi
Qu'esbatre au bois vous alissiez
Et une beste chacissiez,
Cerf ou dain, fust ce mesprenture?
Nanil, mais me semble laidure
130 Estre a vous qu'en ceste saison
Vous laissiez ce que par raison
Deussiez faire.

DEUXIESME CHEVALIER
Par la mére Dieu debonnaire,
Ce deust mon, vous dites voir.
135 Le deduit deust chier avoir,
Et il est conme oisel en mue
Celi qui de cy ne se mue,
Ce m'est advis.

LE ROY
Biaux seigneurs, se voir vous devis,
140 Puis que la royne prist mort,
Ne m'a chalu de mon deport,
Ne de nul esbat, ce sachiez,
Combien que soie roys et chiez
De ce pais.

PREMIER CHEVALIER
145 De ce sommes nous esbahiz
Que vous estes si longuement
Tenuz de prendre esbatement :
S'autre cause ne vous mouvoit
Que vostre fille qui vous voit,
150 Et vous li de jours et de nuiz,
Si devriez vous touz ennuiz

Mettre en obli et jetter puer
Et avoir joie a vostre cuer,
Car elle a de bons meurs granment :
Elle est humble premiérement ; 155
Elle est a touz courtoise et sage ;
En li n'a orgueil ny oultrage,
Et vous dy qu'encor serez,
Sire, pour li moult honnourez :
Car tel la vous pourra requerre 160
Dont grans amis poùrrez acquerre ;
Si que, chier sire, ostez de vous
Ces pensers et ces ennuiz tous,
  Ce vous conseil.
  Deuxiesme chevalier
Chier sire, il vous dit bon conseil. 165
Creez l'et nous alons esbatre
Un jour ou deux ou trois ou quatre
Et chacier pour nous deporter :
Viande et vin ferons porter
  Assez au boys. 170
  Le roy
Je le vueil bien, mais se g'y vois
Je vueil qu'aussi ma fille y viengne,
Et que compagnie nous tiengne
  Pour le deduit.
  Deuxiesme chevalier
En bonne heure : aussi bien li duit 175
Qu'elle voie l'esbatement.
Avant, seigneurs, appertement :
Les veneurs et les chiens de trace
Faites aler sanz plus d'espace
  Au bois devant. 180
  Premier sergent
Ce seroit grant desavenant
A nous de dire : non ferons.
Sire, sire, mais nous yrons

Tresvoulentiers.
DEUXIESME SERGENT
Je ne seray mie le tiers,
Mais le second.
LE PREMIER SERGENT
Alons men par cy aval donc
Ysnellement.

DEUXIESME SERGENT
Nous vous faisons conmandement,
Seigneurs, que voz roiz, voz levriers
Voz chiens de trace et voz lemiers
Menez au bois tost sanz laissier
Il nous convient aler chacier :
Le roy veult istre.
LE PREMIER VENEUR
Ordener les alons au tiltre
Tellement, et les raisieux tendre,
Que beste n'y pourra descendre
Qui ne soit prise.
DEUXIESME VENEUR
La maniére en avons apprise
De pieça. Alons les chiens querre
Et les menons devant bonne erre
En bon arroy.
LE PREMIER VENEUR
Ce convient il, si que le roy
Devant nous truist.

LE ROY
Fille, je vueil que le deduit
Venez veoir de nostre chace,
Alons monter sanz plus d'espace
Trestouz ensemble.
LA FILLE
Chier sire, puis que bon vous semble,

Vostre conmendement feray. 210
Quant vous plaist, avec vous iray,
Mais certes je m'en deportasse
Voulentiers, se je ne doubtasse
 Vostre courrouz.
  Le premier chevalier
De venir, dame, avecques nous 215
Ne pouez vous en riens mesprendre.
Sa, venez, montez sanz attendre.
Dame, il le fault. Sergens, passez :
D'aler devant nous ne cessez
 Jusqu'en la court. 220
  Le premier sergent
Sire, je ne suy mie sourt ;
Je le feray a lie chiére.
Sus, de cy, traiez vous arriére
 Et loing du roy.

  Deuxiesme veneur
Ces chiens nous fault mettre en arroy ; 225
A ce vous convient regarder
Ces deux, et vous aler garder
Ce bout la : je demourray ci
Et garderay ces deux aussi
En ce quarrefour de sentiers ; 230
Et se je voy qu'il soit mestiers,
En l'eure les descoupleray
D'ensemble, et aler les lairay
 Suivre leur proie.
  Le premier veneur
Il est dit : g'y vois ; or vouldroie 235
Que par cy venist beste a trasse,
Si que mes chiens aler laissasse
 Pour courre aprés.
  Le roy
Avant, seigneurs, soiez engrés

240 De corner, nous sommes au bois,
Et de huer a haulte vois
Pour les bestes faire saillir :
Ne devrions mie faillir
    A trouver ent.
            DEUXIESME CHEVALIER
245 Corner vueil, car j'en ay talent :
Truhu ! truhu ! je le voy la.
Après le cerf, sire ! il s'en va
    Par la fuiant.
            LE ROY
Il le nous fault estre suiant.
250   Avant, seigneurs !
            LE PREMIER CHEVALIER
Puis qu'au tiltre voy les veneurs,
Courons après isnellement.
Eschaper ne peut nullement
    Qu'il ne soit pris.

            LA FILLE
255 E ! Diex, quel chemin ay je empris ?
Il me semble que je desvoye :
Ce n'est pas yci droite voie,
Ains est un chemin de desroy.
E ! lasse, j'ay perdu le roy
260 Et ses gens touz ; nul n'en oy mais.
Mére Dieu, que feray j'huy mais,
Se je n'ay d'eulz aucun absenz ?
Certes g'ysteray de mon senz
Ou de morir sui en grant doubte.
265 Querir m'en vois par cy leur route
    Tant que les truisse.

            L'ENNEMI
Biau pére, de chose que puisse
Faire n'arez vous point deffault.

Vezci de l'iaue ; si vous fault
Autre chose, si demandez. 270
Ne fault fors que vous conmandez :
    Je le feray,
        JEHAN
Huet, biau filz, je te diray
Puis qu'a bien faire s'acoustume
Et de voir dire a la coustume 275
Jeunes homs, c'est m'opinion
Qu'il ne peut qu'a perfeccion
Ne viengne et de Dieu et du monde,
Mais qu'orgueil en son cuer n'abonde,
Si que, biau filz, je te conseil, 280
De toy du tout met hors orgueil
Et te fonde en humilité,
Car c'est la garde en verité
Des autres vertuz, ce me semble,
Et qui vertuz sanz elle assemble, 285
Il fait con celui qui au vent
Porte pouldre, je te convent.
A present plus ne t'en diray :
Cy te lais, et la m'en yray
    Pour Dieu prier. 290

        LE ROY
Je vous demant sanz detrier,
Seigneurs, de ma fille ou est elle.
Est il nul de vous qui nouvelle
    En sache dire ?
        LE PREMIER CHEVALIER
Quant est de moy, je ne sçay, sire, 295
Car je vous ay touzjours suivy,
N'onques puis certes ne la vy
Que nous la chace conmençasmes
Et qu'après le cerf en alasmes
    Dedans le bois. 300

DEUXIESME CHEVALIER

Non fis je moy, par sainte croiz,
Je n'en sçay dire verité.
J'ay touzjours avec vous esté,
 Vous le savez.

LE ROY

305 Et, pour Dieu, aux tiltres alez
Savoir s'avec les veneurs est.
Se non, gardez par la forest,
Vous et eulx, tant que soit trouvée.
Je doubt que ne soit esgarée.
310 Alez, je vous attenderay
A mon hostel; ne soupperay
 Si revenez.

DEUXIESME CHEVALIER

A vostre vouloir en ferez.
A eulx m'en vois par ceste sente.
315 Je ne fineray, c'est m'entente,
 Tant qu'a eulx soye.

LE ROY

Alons nous ent par ceste voie
 En mon palays.

LE PREMIER CHEVALIER

Sire, alons, il est temps huy mais,
320 Au mains a vous.

LE ROY

Sachiez pour ma fille sui touz
Pensis et melencolieux :
S'elle est assaillie des leux,
Elle est de sa vie en doubtance.
325 C'est de quoy j'ay plus grant doubtance,
 Par verité.

LE PREMIER CHEVALIER

Diex la veille par sa bonté
 De mal deffendre.

DEUXIESME CHEVALIER
Amis Gençon, vueillez m'entendre.
Par amour vous pri, dites moy, 330
Avez vous point la fille au roy
 Cy veu estre?
  DEUXIESME VENEUR
Nanil, mon chier seigneur et maistre,
 Huy ne la vy.
  DEUXIESME CHEVALIER
Le roy et nous touz esbahy 335
Sommes quelle part est alée.
Querir la fault sanz demourée,
Tant qu'en puissons nouvelle avoir.
Alons men tost nous deux savoir
S'avec vostre compaignon est; 340
Se non il nous fault la forest
Cerchier tant qu'aucune nouvelle
Puissons avoir ou oïr d'elle,
 Mon chier ami.
  DEUXIESME VENEUR
Je sui tout prest : alons a li. 345
Mes chiens avecques moy menray :
Je ne sçay se l'encontreray.
Veez le la trop bien a point.

Grosparmy, dy nous voir : a point
La fille au roy passé par cy? 350
Se veu l'as, si le nous dy
 Tost sanz delay.
  PREMIER VENEUR
Par ma foy, veu point ne l'ay,
N'elle ne vint huy ceste part.
Dites me voir, se Dieu vous gart : 355
 Pour quoy le dites?
  DEUXIESME CHEVALIER
Pour ce que nous dolens et tristes

Sommes touz et courroucez d'elle :
N'est nulz qui en sache nouvelle ;
360 Touz trois la nous convient bonne erre
Par ceste forest aler querre
Et par sentiers et par buissons,
Et faire que nous la truissons
  Ains qu'il anuite.

LE PREMIER VENEUR

365 D'aler par bois n'est mie duite,
Si s'est ou que soit esgarée.
Alons y tost sanz demourée.
Je lo que vous alez par la,
Sire, et Gençon par cy ira
370 Et je ce hault, se bon vous semble,
Et nous rencontrerons ensemble
La endroit en ce quarrefour,
Quant chascun ara fait son tour.
  Ay je bien dit ?

DEUXIESME CHEVALIER

375 Oïl, pas n'en serez desdit.
Partons de cy, sanz plus preschier,
Je m'en vois ce quartier cerchier
  Sanz plus ci estre.

LE PREMIER VENEUR

Et j'a voie aussi me vueil mettre
380 De la querir par cy endroit.
Se la truis en aucun endroit,
A sauveté la ramenray
Au plus tost que j'onques pourray,
  Soit en certaine.

LE DEUXIESME VENEUR

385 D'aler au lonc de ceste plaine
Me convient aussi esprouver.
Dieu doint que la puisse trouver
  Le premerain.

La fille

Vierge, mére au roy souverain,
S'il vous plaist, reconfortez moy, 390
Car paour ay et grant effroy;
N'en puis mais, doulce mére Dieu.
Je sui mais ne scé en quel lieu.
Il m'est avis, plus avant vois,
Plus truis espès et hault ce boys. 395
Doulce mére Dieu, que feray?
Doulx Jhesus, quelle part yray?
Confortez moi, vierge Marie.
Oncques mais ne fu si marrie
Ne si esgarée de sens, 400
Toute seule me voy, et sens
La nuit qui vient et me queurt sus.
Ha! dame des haulx cieulx lassus,
Qui adressez les forvoiez,
A tele adresce m'avoiez 405
Qu'eschaper puisse ceste nuit
A sauveté, quoy qu'il m'ennuit
Que ci demourer me conviengne.
Pére, a Dieu! je doubt qu'il n'aviengne
Certes que jamais ne vous voie. 410
Aler vueil encor ceste voie,
Si ne sçay je se je desvoy.
E! Dieux, une maison la voy,
Et si y a clarté dedans :
Ne peut estre qu'il n'y ait gens. 415
Je vois savoir qui y peut estre.

Pour l'amour au doulx roy celestre,
Doulces gens, qui la dedans estes,
Ceste courtoysie me faites
Qu'uy mais me prestez le couvert 420
Et que me soit vostre huis ouvert;
Car pour la paour des sauvages

Bestes me fremist li courages
Et tremble tout.
HUET
425 Qui est ce la que plaindre escout?
L'uis vueil ouvrir pour le veoir.
Que demandez vous? dites voir.
Venez vous pour bien ou pour mal?
Qui estes vous sur ce cheval,
430 Ou homme ou dame?
LA FILLE
Chier ami, je sui une femme.
Esgarée en ce bois me sui,
Si requier le couvert maishuy
Par charité.
HUET
435 Sachiez, m'amie, en verité,
De ceens ne sui que vallet;
Mais or attendez un tantet,
Et g'yray mon seigneur prier
Que l'ostel vous vueille ottrier
440 Sanz long demour.
LA FILLE
Voire, amis, pour la Dieu amour,
Sanz plus maishuit.

L'ENNEMI
Pére, mais qu'il ne vous ennuit,
Entendez ce que je vueil dire :
445 La hors est une femme, sire,
La plus belle du monde née,
A cheval, qui s'est esgarée,
Si requiert pour le roy celestre
Que maishuy puist herbergie estre
450 Avecques nous.
JEHAN
Et conment, Huet, amis doulx,

La pourray j'hui mais herbergier?
Nous n'avons que pain a mengier,
Ce ne li sera pas delit.
Et si scez bien je n'ay qu'un lit 455
Sanz couste, purement de fain,
Ou gys quant de dormir ay fain.
   Te dy je voir?
L'ENNEMI
Sire, oil, mais ne peut chaloir :
De tretout cecy vous passez. 460
S'elle a le couvert, c'est assez
   A grant foison.
JEHAN
Fai la donc entrer en maison :
   Va, il me plaist.

L'ENNEMI
Dame, descendez a court plait : 465
Mon seigneur a vostre personne
Son hostel de cuer habandonne,
   Je vous dy voir.
LA FILLE
Dieu li en vueille gré savoir !
Et je li promet bien sanz faille 470
Ceste bonté, s'il chiet a taille,
   A double rendre.
L'ENNEMI
Ce cheval vueil en cure prendre :
   Laissiez le moy.
LA FILLE
Si fas je, mon ami, par foy : 475
Faites en a vostre plaisir.
D'entrer ceens ay grant desir :
   Je m'i vueil mettre.
JEHAN
Dame, bien vegniez en cest estre.

  Je croy bien n'avez pas apris
  A estre en si povre pourpris
   Ne si desert.
    La fille
  Sire, puis que j'ay le couvert,
  Il me souffist tresgrandement ;
  Et si vous merci humblement
  Quant hostellée m'y avez.
  Je croy bien que vous ne savez
  Qui je sui, mais vous le sarez
  Quant garde ne vous en donrrez,
   Je vous promet.
    Jehan
  Mais que venu soit mon vallet,
  M'amie, nous vous aiserons
  De tout ce qu'aisier vous pourrons,
  Et je tien bien que vous serez
  Celle qui en gré prenderez
  Ce que vous pourrons pourveoir.
  Plaise vous un po ci seoir
   Tant qu'il venra.
    La fille
  Je ferai ce qu'il vous plaira
   Voulentiers, sire.

    Le premier veneur
  Mon seigneur, je vous puis bien dire,
  Tout le quartier qu'empris avoye
  Ay cerchié, mais ne val ne voie
   Je ne truys d'elle.
    Deuxiesme chevalier
  Aussi n'en puis j'oir nouvelle,
  Si l'ay j'en plus de cent arpens
  De bois quise, si com je pens,
   Mon chier ami.

LE PREMIER VENEUR

Je voy Gençon qui vient ici,
Ne scé se trouvée l'ara. 510
Au mains ce qu'a fait nous dira,
S'il lui agrée.

DEUXIESME CHEVALIER

Gençon, dy : l'as tu point trouvée ?
Ne nous mens pas.

DEUXIESME VENEUR

Nanil, voir. J'ay gasté mes pas, 515
Ce m'est avis.

DEUXIESME CHEVALIER

Escoutez. Vezcy mon devis.
Il est nuit; vous le veez bien.
Maishuy ne ferions nous rien.
Devers mon seigneur en yrons 520
Et la verité li dirons.
S'il veult, nous revenrons demain
Pour la querir dès le bien main ;
Si vaulra miex.

LE DEUXIESME VENEUR

Vous dites voir, si m'aist Diex. 525
Partons de cy.

DEUXIESME CHEVALIER

C'est du miex.

Sire, il est ainsi
Que nous trois d'errer ne finasmes
Par le bois depuis qu'y alasmes.
N'avons trouvé homme ne femme ; 530
N'en pouons plus faire, par m'ame,
Qu'en avons fait.

LE ROY

Je croy bien. Or vous pri de fait
Que demain, dès qu'il sera jour,
Ne vous mettez point en sejour 535

Que derrechief ne l'alez querre.
Le cuer pour lui de dueil me serre.
Certes jamais joie n'aray
Ne leesce, si la verray
  Avecques moy.
  Le premier veneur
Mon chier seigneur, en bonne foy
  Si ferons nous.

  L'ennemi
Or ça, je vien. Que faites vous?
  Savoir le vueil.
  La fille
Sire, de chevauchier me dueil.
Se ne vous cuidoie empeschier,
Voulentiers yroye couchier
  Et repos prendre.
  Jehan
M'amie, il vous convient attendre
Que Huet ait fait vostre lit
Pour miex reposer par delit.
Huet, vaz li tost et ysnel
Faire li son lit bien et bel,
  Car bien le vault.
  L'ennemi
Il vous sera fait sanz deffault,
Biau pére, je le vous promet.
Or ça, puis que je m'entremet
Du lit, je me vueil entremettre
De ce viellart en pechié mettre;
Onques mais n'y poy advenir,
Mais a ce cop le cuit tenir
Et si mener que mien sera.
Alez couchier quant vous plaira

Maizhuy : c'est fait.
JEHAN
Alez, dame, puis qu'il a fait ; 565
Reposez vous.
LA FILLE
Je vous convenans, sire doulx,
Qu'il a plus d'un an tout entier
Que n'en oy aussi grant mestier.
A Dieu, chier sire ! 570
JEHAN
Huet.
L'ENNEMI
Sire, que voulez dire ?
JEHAN
Il ne me vient point a plaisir
Que je voise en mon lit jesir,
Car se j'y vois en verité
J'ay grant doubte d'estre tempté 575
Et que pechié ne me surprengne,
Laquelle chose ja n'aviengne !
Si me convient il repos prendre
Et dormir sanz gaires attendre,
Car il n'est pas, se dit on, homme 580
Qui ne dort et qui ne prent somme.
Le someil m'abat : que feray ?
En mon lit dormir pas n'yray
Puis qu'i a femme.
L'ENNEMI
Est nature en vous si grant dame ? 585
Haro ! bien vous en garderez.
Mais tant vous dy je, folz serez
Se pour doubte de tel delit
Vous ne gisez en vostre lit,
Puis qu'avez de repos besoing ; 590
Si vous couchiez d'elle au plus loing
Que pourrez, et clinez les yex

Et vous endormez : c'est le miex
Que puissez faire.

JEHAN

C'est bien m'entente de moy taire,
Quant la seray, mon amy chier.
C'est nient ; aler me fault couchier :
Sanz dormir ne puis ci plus estre.
Je te conmans au roy celestre !
Vaz te couchier.

L'ENNEMI

Assez tost yray, pére chier,
Ne vous soussiez point de moy.
Puis que son cuer en doubte voy,
Je ne tien point qu'il soit si ferme
Que je ne li face en brief terme
Perdre touz les biens c'onques fist.
Ce qu'en ay veu me souffist :
Tempter le voys par tel desroy
Qu'a Lucifer nostre grant roy
Sera acquis, se je ne fail ;
Sa sainté ne vaulra un ail,
Se puis, bien brief.

JEHAN

De soyf sui a si grant meschief
Que de ci me fault lever, voire,
Pour aler un trait d'yaue boire ;
Autrement dormir ne pourray.
Ma cote sanz plus vestiray.
C'est fait, g'y vois.

L'ENEMI

Vous avez bien fait voz degoiz,
Pére, ennuit de celle pucelle.
Osté li avez la plus belle
Chose qu'elle en son corps eust
Et dont miex priser se deust :

C'est pucelage.
JEHAN
Huet, je te tien pour lunage 625
De ceci dire.
L'ENNEMY
Ne le me reniez pas, sire,
Car je scé trop bien tout le fait ;
Et si vous dy ce qu'avez fait
Vous fera le corps desmembrer, 630
Se le roy s'en peut remembrer,
Ne qu'il le sache.
JEHAN
Ne t'anuit ja s'a moy te sache,
Huet : pour quoy ?
L'ENNEMY
Pour ce que c'est la fille au roy, 635
De qui avez le pucellage ;
Mais combien que soie po sage,
Se vous voulez mon conseil croire,
Jamais il ne sera memoire
De ce fait ci. 640
JEHAN
Huet, je te requier mercy :
Conseille moy que j'en feray.
Je te promet j'en ouvreray
Tout a ton vueil.
L'ENNEMY
Et vezcy que je vous conseil : 645
Tandis qu'elle en ce lit se dort,
Alez la ferir si qu'a mort
De touz poins le corps en mettez
Et en ce puis la le jettez ;
Par ce point delivre en serez, 650
Que jamais parler n'en orrez
Ne po ne grant.

JEHAN

Huet, du faire ay cuer engrant :
Par ton conseil en vueil ouvrer.
655 Le pais en voys delivrer.
C'est fait, mais lever ne la puis,
Pour la apporter en ce puis,
   S'ayde n'ay.

L'ENNEMY

A cela bien vous ayderay :
660   Alons la querre.

JEHAN

Soit, amis. Ho ! sanz mettre a terre   *108 d*
En ce puis la jettons ensemble.
C'est du miex, si comme il me semble :
   Or, vaz la, vaz.

L'ENNEMY

665 Or vous tien je pris en mes laz,
Murtrier, mauvais, non pas hermittes,
Mais luxurieux ypocrites :
   Joyeux m'en vois.

JEHAN

E ! dame des cieulx, en ce bois
670 Cuiday faire mon sauvement,
Mais g'y ay fait mon dampnement
En ame et en corps pardurable,
Se vous ne m'estes secourable,
Vierge, par qui grace j'espoir.
675 A po que ne me desespoir
Cy endroit certes d'une corde,
Quant de mon pechié me recorde.
Faulx ennemy, bien m'as detrait,
Quant a pechié m'as ainsi trait,
680 Qu'en moy je ne scé conseil mettre
Fors que de grant douleur plain estre
Et plaindre de jours et de nuiz
Les paines sanz fin, les annuiz

Que j'ay par mon fait encoru,
Se de Dieu ne sui secoru, 685
Qui me prengne a misericorde.
Mais pour ce qu'a li me racorde
Et qu'il me soit doulx et propice,
A toy, Vierge, en quoy onques vice
Ne fu, mais parfaite bonté, 690
Confesse mon iniquité,
Afin que tu la me defaces
Et qu'ami de Dieu tu me faces.
A toy afui, a toy aqueurs;
Dame, ayde moy et sequeurs. 695
Autre refui que toy n'ay mais :
Des laz me deffen du mauvais
Qui si m'a pris par traison,
Et je vous promet ma maison
Arderay, vierge, en son despit. 700
Mettre y vois le feu sanz respit.
Maison, puis que vous voy ardoir,
Ma robe aussi arderay voir :
Jamais mon corps ne vestira
Robe, n'en hostel ne jerra. 705
Encore un autre veu feray,
Doulce vierge, que je tenray
Pour vostre amour toute ma vie,
Pour l'anemi plus faire envie :
Que jamais ma vie durant, 710
Se je ne le vois pasturant
Aussi conme cerf ou con pors,
N'enterra viande en mon corps ;
Ne jamais ne quier, c'est la somme,
A femme parler ny a homme. 715
Dès maintenant vueil conmencier
Ce que jamais ne quier laissier,
C'est aler men aval ce boys
A quatre piez. Sire, qui vois

720 Les cuers et congnois les pensées
Avant qu'elles soient pensées,
Lais moy telle penance emprendre
Qu'en la fin je te puisse rendre
L'ame de pechié pure et monde,

725 Père, qui de nient tout le monde
Feis, je te lo et gracy
De ce que trouver me fais cy
Un grant arbre dont le creux font
Jusques en terre bien parfont.
730 M'abitacion en feray
Ne point d'autre maison n'aray ;
Bouter m'y veul.

LA FEMME

Robert, biau frére, trop me deul
Par les costez et par les rains.
735 Par amour, alez me querre, ains
Que je face ne brait ne cry,
La ventriére, je vous em pri ;
Ma chamberiére demourra,
Que je ne scé qu'il m'avenra.
740 Tant sçay je bien, selon mon sens,
Que les maux d'avoir enfans sens.
Faites bonne erre.

LE MARI

Volentiers. Je la vous vois querre,
Ma suer, ne vous corrouciez pas.

745 Gertrus, venez ysnel le pas
A ma compaigne.

LA VENTRIÉRE

Or ça, que Diex y envoit gaigne !
Qu'est ce la, Robert ? Qu'i a il ?

Traveille elle?
Le mari
Gertrus, oil.
Elle travaille fort et ferme. 750
Je ne scé si venrez a terme.
Avançons nous.
La ventriére
Je sui preste, mon ami doulx.
Alons men tost.

La femme
Vien avant, vien, Ysabelot. 755
Diex! Diex! vien avant! Ayde moy.
Je sui d'enfanter, bien le voy,
Ou de morir près de termine.
Dame des cieulx, vierge royne,
Pour moy priez. 760
La chamberiére
Ma dame, or paix! plus ne criez,
Diex vous a grant grace donné,
Car de vous avons un filz né,
Bien le sachiez.
La femme
De par Dieu soit. Or me couchiez, 765
M'amie chiére.
La chamberiére
Voulentiers. Faites bonne chiére,
Mon seigneur grant joie en ara
Certes, quant cy endroit venra;
Je n'en doubt point. 770
La ventriére
Or ça, Diex y soit! En quel point
Est celle dame?
La chamberiére
Aourée soit nostre dame!
Maintenant a un fil eu.

775 Je meismes l'ay receu :
　　Egar ! m'amie.
　　　　LA VENTRIÉRE
Si tost! or ne vous plangniez mie.
Venez avant, venez, Robert :
Bonne ouvrier estes et appert
780 Et de ligiére engendreure.
Vezla qui n'a mais de vous cure,
　　Ç'ay j'oy dire.
　　　　LA FEMME
Ha! pour Dieu, vous me faites rire
　　Sanz fin qu'en aye.
　　　　LA VENTRIÉRE
785 Robert, je croy que ja s'esmaie
Conment avec vous passera
La nuit qu'elle relevera
　　De la jesine.
　　　　LE MARI
C'est Ysabelot sa meschine
790 　　Qui s'en soussie.
　　　　LA CHAMBERIÉRE
Non fas, par la vierge Marie,
Je ne pense point a cecy.
J'ay bien d'autre chose souscy
　　Qui plus me touche.
　　　　LA VENTRIÉRE
795 Ore il fault que cest enfant couche.
Ça, ça, je le vueil ordener
Pour le porter crestienner.
Robert, alez vous en bonne erre
Entre tandis les parrains querre,
800 Et quant il seront au moustier,
Venez le nous, sire, acointier ;　　*109 d*
　　Si irons la.
　　　　LE MARI
Je sui celui qui le fera

De cuer, m'amie.
LA VENTRIÉRE
Alez, et ne demourez mie : 805
Ja si tost cy ne reviendrez
Que tout apresté trouverez
    Pour aller ent.

JEHAN
Tresdoulx Dieu, pére omnipotent,
D'un povre pecheur que je sui 810
La grieté, la paine et l'annuy
Que je port, sire, regardez
En pitié et si me gardez
De l'annemi et de ses laz
Qui si m'a fait pechier, elas! 815
Trop vilainement me tempta,
Quant en luxure me bouta
Et après, dont j'ay plus grant hide,
M'a fait cheoir en omicide.
Mais certes, combien qu'il m'ait mors, 820
Encore ne suis je pas mors,
Si que c'est bien m'entencion
De faire ent satisfacion
Par penitances et priéres.
Mettre en mon creux me vois arriéres 825
Et prier Dieu que par sa grace
Pardon de mes pechiez me face
    Par son plaisir.

DIEU
De cuer devost, d'ardant desir,
Mére, voy le paulu Jehan 830
Souffrir grant paine et grant ahan
Pour deux pechiez qu'il a conmis,

Esquelx embatu l'a et mis
L'annemi par sa decepvance.
835 Sept ans en a ja fait penance;
Si vueil que l'alez conforter
Et d'avoir pardon enorter,
S'il persevére.
NOSTRE DAME
Mon Dieu, m'amour, mon filz, mon pére,
840 Faire vois ce que dit m'avez.
Jehan, avecques moy venez,
Et vous, Michiel et Gabriel,
Sus, et pensez tost et ysnel
De cy descendre.
SAINT JEHAN
845 Dame, nous ferons sanz attendre
De cuer ce que nous conmandez.
Vous deux de cy jus descendez
Appertement.
GABRIEL
Jehan, nous ferons bonnement
850 Vostre vouloir.
MICHIEL
Jus sommes. Or nous fault savoir
Quel part yrons.
NOSTRE DAME
Mes amis, ce chemin tenrons
Jusqu'a cel arbre; c'est m'entente.
855 Or avant vous troys; sanz attente
D'accort chantez.
SAINT JEHAN
Chascun en est entalentez.
Seigneurs, prenez avecques moy.
RONDEL
Folz est qui n'ayme et sert en foy
860 L'ente d'umilité florie
Qui porta le doulx fruit de vie.

Raison y a bonne pour quoy ;
Car se son servant justiffie,
Folz est qui n'aime et sert en soy
L'ente d'umilité fleurie. 865
Oïl, et de ce monde a soy
Le trait a la gloire infinie :
Donques pour avoir telle amie,
Folz est qui n'ayme et sert en soy
L'ente d'umilité fleurie 870
Qui porta le doulx fruit de vie.

Nostre Dame
Jehan, se cy la Dieu mesnie
Te vient par amour visiter.
Tu ne te doiz mie doutter
  D'estre eureux. 875

Jehan
Sire Diex, pére glorieux,
Sur moy vostre grace estendez
Et du Sathan me deffendez
Si que par sa temptacion
N'ait sur moy dominacion, 880
Car trop est plain de mauvais art.
Se vous estes de la Dieu part,
Bien vegniez ; se n'en estes mie,
De Jhesus le filz de Marie
Vous conjur que plus ne parlez 885
A moy, mais tost vous en alez
  De cy endroit.

Nostre Dame
Amis Jehan, tu as bon droit
Se ton cuer de paour varie.
N'aiez doubte : je sui Marie, 890
Mére Jhesu Crist. Or me croiz
Hardiement : fay sur toy croiz.
Bien me plaist, car a ton bien tens ;

Et pour ce te vien dire, entens :
La penitence qu'as empris
Pour ce que vers Dieu as mespris,
Ne la repute pas a gréve,
Car la fin si en sera bréve,
Et s'ainsi persevéres, tien
Qu'il t'en avenra si grant bien
Que tu t'en esmerveilleras.
Quant a ore plus n'en saras :
Persevére ou fait ou t'es mis.
A Dieu te dy ! Sus, mes amis,
 Ralons nous ent.
Gabriel
Dame, soit a vostre talent.
Tost, seigneurs, mettons nous a voie
Et en alant, si c'on nous oie,
 Chantons ensemble.
Michiel
Faire le devons, ce me semble,
 Tresvoulentiers.
Saint Jehan
Conmenciez; a faire le tiers
 De cuer m'ottroy.
Rondel
Oil, et de ce monde a soy
Le trait en la gloire infinie.
Donques, pour avoir telle amie,
Folz est qui n'aime et sert en foy
L'ente d'umilité fleurie
Qui porta le doulx fruit de vie.

Jehan
Ha ! tresdoulce vierge Marie,
De tout mon cuer te glorifi,
Et tant com puis te magnifi
De ce que tu m'as fait savoir

Que mercy puis encore avoir ;
Et certes c'est bien mon courage 925
Que jamais en nul autre usage
Je ne pense ma vie user
Que Dieu servir et y muser
 Tant seulement.

Le roy
Seigneurs, il a ja longuement 930
Que n'ay esté pour solacier
Ny en riviére ne chacier.
Je vueil de venoison nouvelle
Ennuit avoir en m'escuelle.
 Alons au bois. 935
Premier chevalier
En bonne heure, sire. Je vois
Les veneurs de ce faire sages.

Seigneurs, c'est du roy li courages
Qu'il veult aler chacier au bois.
Aprestez voz chiens et voz roys, 940
 Si en venez.
Le premier veneur
Nous seron tantost aprestez :
Alez mener au boys le roy.
Nous serons devant en l'arroy
 Tel que devons. 945

Le premier chevalier
Mon seigneur, s'il vous plaist, mouvons.
Les veneurs si m'ont en convent
Que nous les trouverons devant
 A touz les chiens.
Deuxiesme chevalier
Puis qu'ilz ont dit, sire, je tiens 950

Qu'ilz y seront.
LE ROY
D'aler y bonne espace aront.
Jusqu'au boys vueil a pié aler :
Faites les chevaulx amener
955 Après nous, sur quoy monterons
Si tost conme nous deverons
Conmencier chace.
DEUXIESME CHEVALIER
Je vois, sire, sanz plus d'espace;
Alez touz jours.
DEUXIESME SERGENT
960 Sus, sanz faire cy nulz sejours,
Vuidiez; faites voie et espace
Que mon seigneur a ayse passe.
Arriére touz !
LE PREMIER SERGENT
Faites nous voie, ou mal pour vous;
965 Vuidiez le cours.

JEHAN
Sire Dieu, de nuit et de jours
Ta grant bonté sanz fin recorde,
Depriant que misericorde
Me faces, non mie justice,
970 Car oultrageux fui trop et nice
Quant a pechié m'abandonnay;
Et pour ç'a mon corps donné ay
Penance que fas voulentiers   *111 a*
Et ay ja fait sept ans entiers
975 Et vueil toute ma vie faire.
Tresdoulx Dieu, or te vueille plaire,
Que tu l'aies si agreable
Qu'elle soit a m'ame valable,
Si qu'en moy n'ait l'ennemy riens.
980 E ! Dieux, je voy ci venir chiens

Et hommes avec au mains deux.
Rebouter me vois en mon creux
 Et tenir coy.
  Deuxiesme veneur
Grosparmy, voiz tu ce que voy?
Regarde quelle beste, amis :   985
Elle c'est en cel arbre mis ;
 Il y a creux.
  Le premier veneur
Salmon, alon entre nous deux
 Savoir que c'est.
  Deuxiesme veneur
Je te promet c'est son recest :   990
De pasturer d'ou que soit vient.
Aler dire le nous convient
 Tost a noz gens.
  Le premier veneur
Gençon, soions ent diligens :
Vez les la ; c'est trop bien a point.   995
Mon chier seigneur, ne tardez point,
Puis qu'avez de chacier courage.
Une beste la plus sauvage
Que sachiez avons la veue
Et s'est en un creux descendue.   1000
Se voulez, tost prise l'arez.
Venez jusques la ; vous direz
 Que je dy voir.

  Le roy
Seigneurs, je vous fas assavoir
De plourer ne me puis tenir,   1005
Car venu m'est en souvenir
Que je ne fuy mais puis icy
Que mon enfant y perdy, qui
Ma joie estoit et ma leesce ;
S'en ay au cuer telle tristesce   1010

Que je ne scé que faire doie.
Ha! belle fille, je cuidoie
Par toy recouvrer grans amis;
Mais il me semble que j'ay mis
1015 Ma pensée en un fol cuidier,
Quant Dieu t'a fait de moy vuidier,
Si que ne puis nouvelle oïr
De toy dont me doie esjoir,
Ne je ne scé s'es vive ou morte,
1020 Dont le cuer moult me desconforte.
Si pri a Dieu que se tu vis
Qu'en la biauté de ton doulx vis
Puisse encore prendre solaz,
Et se mort t'a prise en ses laz,
1025 Que Diex ait de t'ame mercy
Et que savoir je puisse aussi
Ou ton corps soit.

Le premier chevalier

Mon chier seigneur, ne vous ennoit,
Pieça l'avez plourée assez,
1030 Quant a ore vous en passez.
Alons men prendre celle beste
Dont voz veneurs nous font tel feste :
Ce sera miex.

Deuxiesme chevalier

Vous dites voir, si m'aist Diex.
1035 Laissiez, sire, ester le plourer :
Celle beste sanz demourer
Alon men prendre.

Le roy

Puis qu'a ce vous voulez entendre,
Mouvez devant.

Deuxiesme veneur

1040 Ho! cy, sanz venir plus avant,
Gardez bien sanz plus cy entour.
Je la vois hors par quelque tour

   De ce creux mettre.
    Le premier chevalier
Fay la lever, qu'elle puist estre
   A plaine terre.   1045
    Deuxiesme veneur
Passe, passe. Sus, sus, bonne erre
C'est nient ; lever te fault de cy.
Sus, sus, ne l'aray pas ainsy.
Grosparmy, je ne fas ci riens.
Met cy la corde de tes chiens :   1050
Parmy le col ly lasseray
Et ainsi venir la feray
   Hors, mau gré sien.
    Le premier veneur
Ja pour ce ne demourra. Tien,
   Jançon amis.   1055
    Deuxiesme veneur
Puis qu'entour le col li ay mis,
Tirons : ou elle s'en venra
Hors, ou elle s'estranglera.
   Tire avec moy.
    Le premier veneur
Quanque je puis. Ho ! je la voy :   1060
Tu as esté de bon avis.
Diex ! conme elle yst de la envis
   A mon cuidier !
    Deuxiesme veneur
Puis que l'en avons fait vuidier,
   Il ne m'en chaille.   1065
    Le roy
Ho ! seigneurs, onques mais sanz faille,
Je ne vy telle beste en boys.
Arrestez vous et tenez coys :
Adviser la vueil d'ainsi loing.
Trop malement a petit groing,   1070
Selon que elle a grant le corps.

Je vous dy que c'est mes acors
Que s'elle peut estre amenée
Vive, qu'elle me soit gardée.
1075 Tenez la et vous essaiez
A aler tant que mis l'aiez
  D'aler en voie.
   Deuxiesme veneur
Debonnaire me semble et coye.
Mon chier seigneur, devant iray
1080 Et après moy la tireray
  Tout doulcement.
   Le premier veneur
Tu diz trop bien, et j'ensement.
Par deça m'en voys pour savoir :
Se la voy d'aler esmouvoir,
1085 Nullement ne la toucheray ;
Si non je la te chaceray
  Par de derriére.
   Deuxiesme veneur
Or vous traiez trestouz arriére
Et me laissiez aler devant.
1090 Sus, de par Dieu, sus, passe avant,
  Beste, après moy.
   Le premier veneur
Vaz hardiement ; vaz, je la voy,
Qu'elle te suit assez a trace.
Il ne fault point que l'en la chace,
1095   Ce m'est advis.
   Deuxiesme chevalier
Non voir. Or enten mon devis :
Va t'en droit au palais du roy
Et nous nous mettrons en arroy
  D'aler après.
   Le roy
1100 Or avant ! Suivez la de près,
  Je vous em pri.

LE MARI

Gertrus, ne mettez en detri
A porter mon filz au moustier.
De demourer n'est nul mestier.
Les parrains y sont et le prestre 1105
Touz près, si ques sanz plus ci estre
　　Apportez l'y.
　　LA VENTRIÉRE
Alez ; je vous sui sanz detry.
Vien avant, vien, biau filz Jehannin :
Tien a tes deux mains ce bacin. 1110
Sueffre : bien t'assemilleray ;
Ce doublier ci te metteray
Sur ton col et puis ci dessus.
C'est fait ; tu es moult bien. Or sus,
　　Vaz devant moy. 1115
　　UN VALETON
Et quel chemin, par vostre foy,
　　Voulez que tiengne ?
　　LA VENTRIÉRE
Droit au moustier. Or t'en souviengne :
Avant, soies d'aler engrès,
Et je te suiveray de près, 1120
　　N'en doubte mie.
　　LE VALETON
Je vois donques devant, m'amie.
Mais je vous pri qu'au retourner
Un chantiau me faciez donner
　　De bon blanc pain. 1125
　　LA VENTRIÉRE
Si aras tu, par saint Germain,
　　Et du fourmage.
　　L'ENFANT QUE TIENT LA VENTRIÉRE
Jehan, entens a mon message ;
Liéve sus, Dieu si le te mande

   De par moy, et si te conmande
   Que tu me viengnes baptisier,
   Amis : pour ce le te requier,
   Sanz plus faire dilacion.
   Saches ta grant contriccion
   T'a fait pardonner les pechiez
   Dont tu estoies entechiez,
   Et t'a fait trouver en Dieu grace.
   De moy baptisier sanz espace
    Soies engrans.
     LE ROY
   Seigneurs, vezci vertuz trop grans,
   Qu'un enfant nouviau né parole
   Et non mie de chose fole,
   Mais requiert pour son sauvement
   A avoir saint baptisement.
   Par ce poons nous estre apris,
   N'avons pas une beste pris,
   Mais un saint homme penancier.
   Preudon, sur piez vous fault dressier,
   Puis que Diex ainsi le vous mande,
   Et si vous fas une demande
   Que me diez raison pour quoy
   Ou creux faisiez vostre recoy
   Et s'aviez d'autre loge point.
   Je vous pri que de point en point
    Le voir me dites.
     JEHAN
   Sire, sachiez j'estoie hermites;
   Mais ains que vous die plus oultre
   Ne que mon estat vous demoustre
   Ne conmant m'a esté aussi,
   A mains jointes vous cri merci,
    Sire, et pardon.
     LE ROY
   Amis, et je t'en fas le don,

S'ainsi est que m'aies meffait :
Ton estat me compte et ton fait
 Cy, je t'em pri. 1165
 JEHAN
Sire, voulentiers sans detri,
Au mains que pourray de langage.
Quarante ans ay en hermitage
Esté, sire, dedans le boys,
Ou Sathan m'a par maintes foys 1170
Fait de moult fors temptacions
Par ses faulses illusions.
Mais Dieu m'a touz jours pourveu
Que je n'y sui point encheu.
Ainsi m'a fait d'ans plus de vint, 1175
Et tant qu'une foiz a moy vint
En fourme d'omme jouvencel,
Qui me sembla lors estre bel,
Si me requist que le preisse
Et de li mon vallet feisse, 1180
Et que s'avec moy demouroit
Pour l'amour Dieu me serviroit
Sanz demander autre loyer;
Et sambloit qu'il deust larmoier,
Tant me parloit piteusement; 1185
Et je, qui cuiday vraiement
Que fust homme de bon affaire,
M'assanti a son vouloir faire
Et le retins. Si m'a servi
Grant temps c'onques nul mal n'y vi, 1190
Jusques a un soir qu'il advint
Que vostre fille a mon huis vint,
Et requist qu'entrer la laissasse
Et que pour Dieu la herbergasse
Jusqu'a l'andemain seulement. 1195
Je ly ottroyay bonnement,
Si la fis en mon lit couchier,

　　　　　　Et l'ennemy de moy trichier,
　　　　　　Tant conme il pot, lors se pena,
1200　　　　Et tant qu'en voloir me mena
　　　　　　D'avoir le pucelage d'elle.
　　　　　　Quant m'ot mis en celle berelle,
　　　　　　Il me mist en plus mal desroy,
　　　　　　Qu'il me dist : C'est la fille au roy
1205　　　« Qu'avez honnie, faulx hermites :
　　　　　« De laide mort n'estes pas quittes,
　　　　　« Se le roy le scet, n'en doubtez;
　　　　　« Pour ce vous conseil escoutez,
　　　　　« Que vous l'occiez tout en l'eure,
1210　　　« Sanz faire plus longue demeure,
　　　　　« Et en vostre puis la jettez :
　　　　　« Ainsi vous serez acquittez.
　　　　　« Que jamais n'iert ce fait sceu. »
　　　　　　Je, qui fu en paour cheu
1215　　　　De souffrir mort honteusement,
　　　　　　La fille occis ysnellement
　　　　　　Et en un puiz jettay son corps.
　　　　　　Que fist le faulx ennemi lors?
　　　　　　Quant il vit qu'ainsi m'ot happé,
1220　　　　Il dist : « Or vous ay j'atrappé,
　　　　　« Murtrier : de vostre ame en enfer
　　　　　« Feray present a Lucifer. »
　　　　　　De mon meffait trop s'esjoy
　　　　　　Et de moy lors s'esvanoy,
1225　　　　Sire ; et quant je me vy tout seulx,
　　　　　　Triste devins et angoisseux
　　　　　　Et tant dolent, voir vous diray,
　　　　　　A po ne me desesperay.
　　　　　　Toutes voies fu mes recors
1230　　　　Que Dieux est plus misericors
　　　　　　Qu'homme ne peut pechier d'assez.
　　　　　　Quant un petit fu respassez,
　　　　　　Le feu boutay en ma maison

En despit de la traison
Que l'anemi m'y avoit fait, 1235
Et toute ma robe de fait
Ou feu jettay, et un veu fis
A Dieu, sire, soiez en fis,
Qu'en maison jamais ne jerroye
Ne jamais je ne parleroye 1240
A nulle humaine creature,
Ne pour soustenir ma nature
Jamais aussi ne mengeroye
Riens, se je ne le pasturoye,
Conme une beste aval les champs. 1245
Ainsi l'ay fait depuis sept ans,
  Sire, sanz doubte.

LE ROY

Biau preudons, or entendez. Toute
La demerite vous pardoin.
Puis que Dieu, qui voit près et loing, 1250
Le vous pardonne franchement,
Aussi fas je certainement ;
  C'est a briefs moz.

LE PREMIER CHEVALIER

Mon chier seigneur, se dire l'oz,
Vous faites vostre grant honneur. 1255
Il a souffert assez doleur,
  Ce m'est avis.

DEUXIESME CHEVALIER

Il y pert assez a son vis.
Onques mais homme, sanz doubtance,
Ne fist si griéve penitance 1260
  Conme il a fait.

JEHAN

M'amie, alez vous en de fait
A tout cest enfant a l'eglise.
Dehors m'attendez en la guise
C'on y vient pour baptesme prendre ; 1265

G'iray après vous sanz attendre :
Devant alez.
LA VENTRIÉRE
Sire, je vois : plus n'en parlez,
Puis qu'il vous haitte.
JEHAN
1270 Pourroit une chose estre faitte ?
Qu'entre nous touz, mon seigneur chier,
Alissons en ce bois cerchier
Le lieu ou fu ma demourée,
Et prier la vierge honnorée
1275 Et son chier filz que par sa grace
De vostre fille liez nous face
Par quelque voie?
LE ROY
Certes, se le corps en avoie
Ou les os, me souffiroit il.
1280 Donc, se c'est bien a faire, oil.
Alons y touz appertement,
Car j'ay fiance vraiement,
Puis que pour elle traveillié
Avez tant, que Diex le cuer lié
1285 Par vous m'en face.
PREMIER CHEVALIER
Avant, alons querir la place.
Biau pére, alez devant, alez.
Quelle part c'est trop miex savez
Que ne faisons.
DEUXIESME CHEVALIER
1290 Il dit voir, sire, et c'est raisons
Que vous nous y doiez mener,
Car nous n'y sarons assener
Se n'est par vous.
JEHAN
Voulentiers donc, mes amis doulz, *113 b*
1295 Iray devant Suivez a trace.

Ho! biaux seigneurs, vezci la place
Ou jadis fu mon hermitage,
Que j'ardy pour le grant oultrage
Et le pechié que g'y conmis;
Et vezci le puis ou je mis   1300
Le corps de vostre fille, sire,
Quant Sathan la m'ot fait occire
  Par sa falace.
   Le roy
Ha! belle fille, envis cuidasse
Que vostre mort deust telle estre,   1305
Ne c'on vous deust ici mettre
Pour derreniére sepulture.
Fille, tresdoulce creature,
De plourer ne me puis tenir,
Quant il me vient en souvenir   1310
Du doulx parler qu'a touz faisoies,
Des bonnes meurs qu'en toy avoies,
De ton maintien a touz plaisant
Et qu'a nul n'estoies nuisant,
Mais les deffaillans supportoies   1315
Et doulcement les enortoies.
Ores laval pourrist ton corps :
A t'ame soit misericors
  Le roy des cieulx!
   Deuxiesme chevalier
Sire, je conseil pour le miex   1320
Que chascun a terre s'encline
Et d'entencion humble et fine
Deprit pour elle a nostre dame
Qu'avec ses saintes en soit l'ame
  De pechié quitte.   1325
   Premier chevalier
Par foy, c'est parole bien ditte
Et c'on doit faire voulentiers.
N'attenderay second ne tiers,

Mais ici m'agenoulleray
1330 Et pour elle Dieu prieray
Devotement.
DEUXIESME CHEVALIER
Et je si feray vraiement,
Frére : vous dites bon conseil.
Ici agenoillier me vueil
1335 Et dire ce que je saray
Tout bas, par quoy n'empescheray
Nul de proier.
LE ROY
Seigneurs, icy, sanz detrier,
Conme vous m'agenoilleray
1340 Et Dieu pour elle prieray,
Mains jointes, de cuer et de bouche;
Et pour ce que le fait me touche,
Ne m'en puis tenir de plourer.
Or se pene chascun d'orer
1345 Pour l'amour d'elle.
JEHAN
Glorieuse vierge pucelle,
Dame des anges tresprisée
Sur touz les sains auttorisée,
Vaissiau du hault divin secré,
1350 Et temple de Dieu consacré,
Qui peustes en vous comprendre
Ce que les cieulx ne peuent prendre,
Car la sapience eternelle
Vous eslut mére paternelle
1355 Du Dieu de toute creature
Et fist sanz euvre de nature,
Vueille m'en pitié regarder,
Tresoriére qui a garder
As de grace la seigneurie.
1360 A! tresdoulce vierge Marie,
Qui de pitié es source et doiz,

Ne m'obliez pas ceste foiz,
Quelque pecheur que j'aie esté
Par l'ennemi qui m'a tempté
De luxure, de murtre aussi. 1365
Ha! dame, je vous cri mercy,
Vaissiau de purté et saint temple,
Demonstrez nous aucun exemple
113 d De la fille de ce seigneur,
Par quoy s'affeccion greigneur 1370
Soit de vous, dame, et Dieu servir
Pour gloire sanz fin desservir,
Et je vous fas veu et promesse
Que voz heures, ains que je cesse,
De cuer devotement diray, 1375
Ne de ci ne me partiray
Tant que toutes les aray dites.
Vierge, par vos saintes merites,
 Faites nous grace.

Dieu
Mére, je vueil sanz plus d'espace 1380
Qu'a Jehan alons vous et moy :
En grant devocion le voy ;
Je li feray ce qu'il requiert
Pour ce qu'a mon honneur le quiert.
Conmandez Jehan a descendre 1385
Et ces anges sanz plus attendre
 Tost et isnel.
Nostre Dame
Sus, Michiel, et toy, Gabriel,
Et vous, Jehan, ne laissiez mie :
Avecques nous par compagnie 1390
 Venez, c'est droiz.
Saint Jehan
— Dame, je vueil en touz endroiz

Obeir a vous, c'est droiture.
Vierge mére dessus nature,
 Vez me ci‖prest.
Le premier ange
Et aussi chascun de nous est,
 Dame des cieulx.
Deuxiesme ange
Quel chemin tenrons, sire Diex?
 Dites le nous.
Dieu
Droit a ce puis, mes amis doulx,
A un mien ami que g'ÿ vois.
Vous trois chantez a haulte voiz
 En alant la.
Saint Jehan
Nous ferons ce qui vous plaira,
Sire Diex, puis qu'a faire vient.
Avant, seigneurs, il nous convient
 Chanter ensemble.
Le premier ange
Ce rondel ci, qui bon me semble,
Disons : il est de bons accors.
Rondel
Dieu tout puissant, misericors,
Par la vostre misericorde
Treuvent li pecheour accorde.
A vous ci a moult doulx accors,
Quant cuer a vous servir s'acorde,
Dieu touz puissans, misericors,
Par la vostre misericorde;
Il treuve que par les recors
De voz graces qu'en soy recorde
Maint cuer du Sathan se descorde.
Dieu touz puissant, misericors
Par la vostre misericorde
Treuvent li pecheour accorde.

                    DIEU
            Jehan, a moy oir t'acorde.
            Celui sui qui tout de nient fis,
            Qui fille ay vierge et sui son filz,   1425
            Elle est ma mére et j'a li pére.
            Biaux amis, pour ce qu'il t'appére
            Que tu as en moy trouvé grace,
            Di, que veulz tu que je te face?
                    Ne le me cèle.   1430
                    JEHAN
            Pour moy, sire, riens, mais pour celle
            Qui gist trespassée en ce puis,
            Vous requier je, tant con je puis,
            Qu'en vueilliez esleessier le pére,
            Si qu'evidanment lui appére   1435
            Que j'aye trouvé grace en vous;
            Et se je sui, sire, trop glous
            De demander chose si digne,
            Ce me fait la doulce et benigne
            Misericorde dont usez;   1440
            Si vous pri ne me refusez
                    Ce que demant.
                    DIEU
            Le pére, entens, ce te conmant,
            Et ces autres appelleras,
            Et sur le puiz t'adanteras,   1445
            S'appelleras la damoiselle,
            Et tu verras qu'il sera d'elle
                    Bien tost après.
                    NOSTRE DAME
            De faire doiz bien estré engrès,
            Amis, de mon filz le plaisir,   1450
            Par quoy viengnes a ton desir
                    Et a t'entente.
                    DIEU
            Ralons nous ent tost sanz attente
                    Es cieulx lassus.

SAINT JEHAN

1455 Reprenons nostre chant, or sus,
Et soit pardit en ceste voie.
Avant : faisons que l'en nous oye
Chanter d'accort.

DEUXIESME ANGE

De ce refuser arons tort.
1460 Tost, conmençons.

LE PREMIER ANGE

C'est une des belles chançons
Que puissons dire, ce m'est vis.
Pour ce de cuer, non pas envis,
De chanter avec vous m'acors

LE RONDEL

1465 Il treuve que par les recors
De voz graces qu'en soy recorde
Maint cuer du Sathan se descorde.
Dieu tout puissant, misericors,
Par la vostre misericorde
1470 Treuvent li pecheour accorde.

JEHAN PAUL

Sire, se vo vouloir l'accorde,
Jusques a ce puiz ci venez,
Et lez moy estant vous tenez;
Et vous, biaux seigneurs, en atour
1475 Vous mettez d'estre ci entour
Trestouz ensemble.

LE ROY

Biau preudons, puis que bon vous semble,
G'y vois. Or ça.

PREMIER CHEVALIER

Et nous deux serons par deça,
1480 Mais pour quoy faire?

JEHAN

Seigneurs, ne vous vueille desplaire,

Vous orrez ce que je vueil dire.
Ou nom Jhesu Crist nostre sire,
Je t'appelle, fille de roy,
Qui laval gis par mon desroy, 1485
Et te conmans que ne prolongnes
De par Dieu que ne me respongnes
  A voiz isnelle.
   LA FILLE
E! Diex, qui est ce qui m'appelle
  Que li respongne? 1490
   LE ROY
E! doulce dame de Boulongne,
Glorieuse vierge pucelle,
Le cuer de joie me sautelle :
J'ay oy ma fille parler.
Seigneurs, qui pourrons avaler 1495
  Pour la hors mettre?
   DEUXIESME CHEVALIER
Sire, je m'en vueil entremettre,
Car de ce fait assez suiz duiz,
Et si voy assez de lieux vuiz
Pour y descendre aise et monter. 1500
Fuiez vous : je m'y vueil bouter.
A l'ayde Dieu tant feray
Qu'assez tost la vous renderay
  Ici sur terre.
   LE ROY
Amis, je vous en vueil requerre 1505
  Par charité.
   LA FILLE
Sire, par vous ay tant monté,
Que du puiz la bordelle tien,
Mais je me doubte trop et crien
  Que ne vous blesce. 1510
   DEUXIESME CHEVALIER
De moy n'aiez nulle tristesse,

Ne nul soussi.
LA FILLE
Biaux seigneurs, a yssir de cy
Me vueilliez aidier par amour.
1515 Dessoubz moy fait trop lonc demour
Uns homs, sachiez, qui me soustient,
Qui ne peut issir, qu'a moy tient,
Tant que hors soye.
LE ROY
Belle fille, mon cuer, ma joie,
1520 Je vois a toy ysnel le pas.
Sus, sus : ne m'eschaperas pas,
Puis que te tien.
LE PREMIER CHEVALIER
Mon chier seigneur, je la tien bien :
Tirez aussi conme je tire.
1525 Boutez, qui estes dessoubz, sire.
Ho! nous l'avons.
JEHAN
E! Diex, bien louer te devons
Chascun par soy.
LE ROY
Doulce fille, puis que te voy,
1530 Dieu mercy, saine et en bon point,
Di me voir et ne me mens point,
Conment t'a il esté depuis
Que tu fus jettée en ce puis,
Ne conment y as tant de temps
1535 Duré? car il a ja sept ans.
Qu'i as esté.
LA FILLE
Je vous compteray verité.
Quant je chiez ce preudomme fui,
L'anemi estoit avec lui,
1540 Qui si ardanment le tempta
Qu'il m'occist et si me jetta

Quant si m'ot jettée, il advint
Q'en l'eure une dame a moy vint,
Qui me remist l'ame en mon corps;
Et sachiez, pére, que dès lors 1545
Je fu conme je sui en vie,
Et touz jours m'a fait compagnie
Ceste dame, et si adressie
Que depuis ne m'a point laissie.
Se vous me dites quelle est elle, 1550
Je vous respons qu'elle est tant belle
Qu'en li veoir tant seulement
Prenoye mon norrissement
Et toute ma refeccion.
Car si grant consolacion 1555
En elle regarder avoie
Que je tien quant je la veoie
Qu'en gloire estoit mon corps raviz,
Pére; et il m'estoit voir aviz,
Car je veoie la Dieu mére, 1560
Qui m'a gardé de mort amére
Et de toutes neccessitez.
Pour ce vostre cuer excitez
Dès ores mais a li servir,
Si que sa grace desservir 1565
Et s'amour puissiez, c'est en somme,
Et portez honneur ce preudomme,
Car Dieu li a tout pardonné
Ses meffaiz, et si m'a donné
Que sui vive par ses merites; 1570
Et puis qu'il est envers Dieu quittes,
Il le doibt bien envers vous estre;
Oultre nous devons peine mettre
    De l'essaucier.
      Le roy
Fille, pour nous touz esleescier 1575
Je vous diray que je feray.

Deux clerjons que j'ay manderay
Qui ont doulce voiz con seraine :
Si chanteront a haulte alaine,
En nous convoiant au moustier ;
Biau pére, et la le Dieu mestier
Nous ferez, c'est nous direz messe,
Et je vous fas ceste promesse
Que jamais je ne fineray
Tant qu'evesque fait vous aray.
Alez me querre, alez, mes clers ;
Dites leur qu'ilz soient appers
De ci venir.
Premier chevalier
Sire, sanz moy plus ci tenir
Les vois querre ou ilz pourront estre,
Et s'amenray enfans et maistre.
Vez les ci, sire.
Le roy
Mes clers, il vous fault un chant dire
A voiz douce et melodieuse
De la royne glorieuse
En qui j'ay tant grace trouvé
Que j'ay par elle recouvré
Mon enfant que perdu avoie.
Devant moy vous mettez en voie
D'aller droit au moustier saint Pére.
Je vueil qu'a touz ma fille appére.
Avant : chantez.
Les clers
Mon chier seigneur, voz volentez
Ferons de cuer, c'est de raison,
En l'eure, sanz arrestoison :
Il appartient.
La chançon
Vierge, de qui grace nous vient,
Qui contins celi qui contient
Tout bien et qui tout crea,

Ottroie nous par ton plaisir, 1610
Qu'a ce tendons par vray desir
Pour quoy Dieu nous recrea.

Explicit.

---

115 c *Serventoys coronné*

DE grant eur vint li vouloir plaisans
D'Amour qui vault no salut recovrer.
Amour est Diex, qui moult fu desirans
De son saint fil u saint ventre former
De la vierge Marie que nommer.
    Puis toison de purté plaine, 6
Et de ceci fu figure certaine
    Par le saint adrousement
De la toison Gedeon, qui comprent
Que le fil Dieu, doulx aignel, descendi
Par saint Espir et la toison vesti
    Entiérement. 12

Lors fu nature esbahie et taisans,
Quant deitez vint tel pel affubler
Qui vierge estoit, dont je sui congnoissans
Que dedans li voult substance doubler ;
Car parfait Dieu et vrai homme sanz per
    L'enfanta entiére et saine, 18
Dont en ce fait fu nature foraine
    Pour le mistére excellent,
Conme Laban fu de Jacob souvent
Quant par verges les toisons converti ;

Aussi la vierge l'alaicta et norry
24   Joyeusement.

Or pert il bien qu'Amours est moult puissans,
Quant par son fil nous voult endoctriner,
Qui de son gré fu en la croiz montans
Ou mort souffri pour ses amis sauver,
Dont la vierge, quant le vit expirer,
30   Dist plourant a voiz haultaine :
Ha ! Simeon, bien me nonças la paine
Du glaive qui mon cuer fent.
Lors vainqui Dieux le desloial serpent
D'iniquité, dont de joie enrichi
Les siens selon leurs biens faiz et meri
36   Onniement.

Dont en dame est ceste honneur habondans
Telle qu'a vous, dame ou n'a point d'amer,
Doit obeir tout homme en Dieu creans ; *115 d*
Car il vous voult sur toutes honnorer
Et conme mére a sa destre ordener,
42   De toutes vertuz fontaine
Et des sains cieulx royne souveraine ;
La servent vo doulx corps gent
Anges et sains ; la pest Amours sa gent,
Et la sont tuit de joye repleni
Et regardent l'aignel doulx qui souffri
48   Piteusement.

Loyaux secours en touz biens florissans,
Vierge plaisant, rose vous doy clamer,
Mirre esleu, vigne saint fruit portans,
Lis de biauté, doulx basme a odorer,
Temple que Dieu voult dignement sacrer,
54   Cléré estoille tresmontaine,
Port de salut pour creature humaine,

Vray advocat diligent,
Sainte toyson eschaufant l'indigent
En charité : Job le figure ainsi.
Pour ce, vierge, cuer et corps vous ottri
   Parfaictement.   60

    Envoy

Se je vous aim, fin cuer doulx, loyaument,
Digne toyson, de ce vo fil graci,
C'onques Amours mistére n'acompli
   Plus plaisanment.   64

Serventoys estrivé

116 a

Amans qui veult servir diligenment
 La vierge en qui Dieu se voult aombrer
 Nommer la peut arche du testament
Pour ceste loy de grace ramembrer.
Car Moyses mist la verge seure
Jadis en l'arche a certaine closture,
Et de la manne ou desert envoiie,
Et les tables ou la loy fu baillie :
Ainsi comprent la vierge sanz meffaire
Ces biens en li par euvre secretaire
Au gré d'Amours qui tant a seigneurie.   11

Dont doit amans croire de sentement
Que le filz Dieu fut verge sanz amer,
En la vierge fourmé humainement
Pour la loy du hault pére consummer ;
Celle verge de char poissant et pure

Fu jusqu'a mort ploiée en la croiz dure,
Dont rouge mer de sanc fist despartie,
Par laquelle touz ceulx de sa partie
Fist franchement hors de servage traire :
La furent tout destruit noz adversaire
S'en doit Amours sur touz estre servie.

Car par Amour servir entiérement
Se voult Justice a justicier donner ;
Et la verge qui Justice comprent
Voult Moisès en la pierre assener
Dont l'yaue yssi ; ce nous monstre en figure
Qu'en pierre Crist fu faicte l'ouverture
Dont a surgion issi l'yaue de vie ;
La descendi du ciel manne saintie
Non descroissant, paissant le neccessaire,
Et ce fait fu pour touz amans atraire
A bonne Amour servir d'entente lie.

Et puis qu'amans sert Amours liement,
Il doit le fil de la vierge aorer,
Qui fu table clouée fiérement,
Ou Pitié fist nostre debte pleinier
Et escripre de vermeille escripture
Loy de grace, de paix et de droiture
En la pierre d'amour appareillie,
Qui fu a cops merveilleux entaillie ;
La voult Justice a la verge pourtraire
Sept sacremens de foy tresdebonnaire
Pour conforter l'amant qui s'umilie.

Dame d'onneur ou tout bien sont present,
Arche royaux, close sanz defermer,
Vostre chier fil puis nommer justement
Mer de purté pour touz vices laver,
Manne du ciel donnant large peuture,

Verge juste sanz nombre et sanz mesure,
Pierre ou l'yaue de grace fu puisie,
Table de loy sur le hault mont drescie
Et escripte de couleur qui doit plaire,
Ce fu de sanc juste qui nous esclaire
Pour vivre en paix et en joie prisie. 55

Envoy

Princes, servons Amours sanz vilennie :
C'est li vray filz de la vierge Marie,
Qui voult en croiz nouvel testament faire
Et nous laissa son royaume en douaire ;
S'est eureux qui de cuer s'i alie. 59

XXXI

MIRACLE

DE

BERTHE

PERSONNAGES

Premier chevalier françoys
Le roy Floire
Deuxiesme chevalier françoys
Blancheflour
Berthe
Maliste, la serve
Le roy Pepin
L'escuier
Thibert
Premier sergent d'armes
Deuxiesme sergent d'armes
Aliste
Morant
Godefroy
Renier
Dieu
Nostre Dame
Saint Jehan
Michiel
Gabriel
Simon
Constance
Ayglante
Ysabel
Le messagier, Galopin
Premier chevalier de Hongrie
Deuxiesme chevalier de Hongrie
Un vilain
Rainfroy
Heudry
Les menesterelz

Cy conmence un miracle de Nostre Dame de Berthe, femme du roy Pepin, qui ly fu changée et puis la retrouva.

I N *habitacione sancta coram ipso ministravi et sic in Sion firmata sum. Ecclesiastici* xxIIII°. Pour ce que autre foiz vous avez oy que ceulx qui les loenges de la vierge benoite, veulent pronuncier et mettre avant, la vierge en leur enseignant les adevance et leur propose quatre choses, esquelles elle comprent toutes loenges, et les divise par quatre degrez ou par quatre maniéres de procès, dont le premier degré est entendu selon ce que dès le commencement fu sa predestinacion, et de ce fut mon sermon tellement quellement; maintenant après ceste predestinacion pardurable par laquelle elle a surmonté toutes créatures, mon entencion est de dire selon ce que Dieu m'en donra grace, pour descendre de degré en degré, de sa conversacion en ce monde, par laquelle elle surmonte toutes creatures morteles. Et di que cy elle suppose deux choses par lesquelles sa conversacion fait a reconmander, c'est assavoir saincteé de vie et perfeccion : *in habitacione sancta coram ipso ministravi*, et de grace confirmacion : *et sic in Sion firmata sum*. Quant au premier, je di que la vierge benoite conversa en trois habitacions saintes, esquelles merveilleusement elle administra devant son Dieu. Premiérement ou temple de Jherusalem, sainctifié pour la frequentacion des ministres divins qui ilec estoient faiz, dont David dit : *Sanctum est templum tuum :* Sire Dieu, sainte chose est ton temple. Secondement en Nazareth en son habitacion, laquelle est ditte sainte pour la frequentacion des anges qui souvent illec la visitoient moult familiérement et dès avant l'incarnacion du benoist Jhesu, et en ce lieu la n'aloit nulle autre creature mais que elle et les anges ; et la la trouva Gabriel quant il la salua et li ennonça la venue du fil Dieu. La tierce habitacion fu ou cinal en Syon, qui est appellé venue du saint Esperit qui illec descendi sur eulx. En un chascun de ses lieux conversa en administrant la vierge. Ou temple : car de jours et de nuiz elle fu par plusieurs années mancipée et ordenée au divin service. En Nazareth : en vacant a Dieu seulement et estre ententive es choses espirituelles ; elle avoit bien leu le conseil du sage qui dit *Ecclesiastici* xxx° *tercio : Precurre prior in domum tuam ; est illic, advoca te, et age contemplaciones tuas :* Veulz tu bien servir a Dieu ? va et queurs en ta chambre, et illec fais tes contemplacions. Ou cenail aussi fu sa conversacion en orer et prier, enflamée de desirs celestieux, et de ce est il dit *Actuum primo : Erant unanimiter perseverantes in oracione cum Maria matre Jhesu :* Ly apostre estoient d'un cuer et d'une voulenté perseverans en oroyson avec Marie la mére Jhesu. Or voiz tu conment la vierge Marie conversa et habita en ses trois habitacions, dont en la premiére administracion elle fu forme des conmençans, en la seconde elle fu forme des prouffitans, et en la tierce elle fu forme des parfaiz. Et ainsi elle peut dire le thieume que je proposay au conmencement : *In habitacione,* etc. : J'ay administré en habitacion sainte. Mais soviengne toy qu'elle dist *coram ipso,* c'est a dire devant lui ; devant qui ? devant Dieu. En quoy est notée sa droite entencion, de multitude l'exclusion, et l'agreableté de son administracion. Et pour ce qu'elle fu telle menistre toute sa vie, pour ce fu et a bon droit confermée en grace, dont il s'ensuit ; *et sic (supple ministrando in Syon) firmata sum* : Je sui affermée en Syon, c'est a dire en l'eglise militant. Mais que veult dire : je sui affermée, fors que : je suis en grace confermée ? et cesté confirmacion conmença dès sa concepcion. Dont saint Bernart dit : Je croy que si grant grace de confirmacion descendi en Marie, que seulement ne la sainttiffia pas, mais avec ce la garda de tout pechié ; ce que je ne croy pas avoir esté donné a nul autre né de femme. Et ce est bien chose convenable que la royne des vierges par singulier previlége vesquist sanz quelconque pechié. Pour quoy nous li pouons trop bien dire : Dame, par la planté de grace qui en toy est, tu as le ciel raempli, enfer vuidé, la ruyne de paradis restoré, et aux chetis attendans mercy vie pardurable qu'ilz avoient perdu donné. Celle vie pardurable nous vueille ceste glorieuse vierge a touz empetrer. *Amen.*

17 d

    Premier chevalier
 Sire roys, a vous revenons.
 Autre foys requis vous avons
 Vostre fille par mariage
 Pour un du plus noble lignage
 Qui soit de touz les crestiens   5
 Et de qui l'en tient tant de biens
 Qu'il est fontaine de vaillance :
 C'est Pepin, nostre roy de France ;
 Si la vous requerons encore
 Et vous prions de nous dire ore   10
  Ce qu'en ferez.
     Roys Floire
 Seigneurs, assez tost le sarez,
 Puis que la chose a ce point vient ;
 Je vous promis, bien m'en souvient
 Que brief vous donroye response   15

Et vezcy que je vous denonce.
J'ay tant du roy françois enquis
Que ma fille qu'avez requis
Pour sa compaigne et sa femme estre
20 Vous ottroy sanz plus de temps mettre
Ne prendre avis.

DEUXIESME CHEVALIER FRANÇOIS
Sire, nous disons grans merciz.
Or seroit bon de regarder
Combien vous la pensez garder,
25 Ou s'avec nous l'en enmenrons,
Ou se sanz li nous en irons ;
Car tout ce qui fait en sera
Par vostre conseil se fera,
N'en doubtez point.

BLANCHEFLOUR
30 Je responderay a ce point,
Ne vous desplaise, mon seigneur.
Je pense et si croy que greigneur,
Plus noble, et assez plus honneste
Sera par devers vous la feste
35 Que cy endroit.

LE ROY FLOIRES
Dame, je tien vous avez droit.
Je vous diray que je feray,
Seigneurs : je la vous bailleray
Pour elle au roy Pepin mener
40 Et si li ferez espouser.
Je vous tien pour si bonnes gens
Que chascun sera diligens
De faire grant feste et ouverte.
Venez avant, ma fille Berthe :
45 Le roy de France espouserez.
Avec ces seigneurs en irez,
Qui a Paris vous conduiront
Com leur dame et vous garderont :

Et je vous bailleray Maliste,
Ma serve, avec sa fille Aliste.   50
La mére vous enseignera ;
La fille vous compaignera :
Si ne serés pas desnuée.
Or me dites s'il vous agrée
    Si com j'ay dit.   55
      Berthe
Pére, ne met nul contredit
En chose que de moy faciez.
Certaine sui que vous puissiez
    Que bien n'aray.
     Roy Floires
A mes deniers vous achatay   60
Conme serve une foiz, Maliste,
Si fis je vostre fille Aliste
Et vostre niepz Thibert le tiers :
Si en devez plus voulentiers
Chascun de vous faire mon vueil.   65
C'est m'entente : envoier vous vueil
Touz trois avec ma fille en France,

118 b. Pour ce que j'ay en vous fiance.
Royne du pais sera,
Car roy Pepin l'espousera ;   70
Si vous pri que vueillez veiller
A la garder et conseillier
    Songneusement.
      La serve
Sire, nous ferons bonnement
    Vostre plaisir.   75
     Roy Floires
Seigneurs, je vois qu'avez desir
De raler en vostre pais.
Ne soiez de riens esbahiz,
Mais mouvez quant il vous plaira.
Ma fille avec vous s'en ira   80

Li et ses gens.
DEUXIESME CHEVALIER FRANÇOIS
Or ne soions pas negligens,
Mais mouvons donques sanz plus dire
Trestouz ensemble. A Dieu, chier sire,
  Ma dame et vous !
BLANCHEFLOUR
A Dieu, ma fille, a Dieu trestouz,
Qui vous conduie a sauveté!
Soiez plaine d'umilité,
Fille, quant vous serez royne,
Et envers touz doulce et benigne ;
Et si grant bien vous en venra
Que le peuple vous amera,
  Si fera Dieux.
BERTHE
Vous me faites plourer des yeulx,
Mére, quant de vous me depart.
Certes de dueil le cuer me part
  Ce departir.
PREMIER CHEVALIER FRANÇOIS
D'aler nous convient appartir.
Le plorer, dame, n'y vault nient,
Mais cheminer tant nous convient
Que veons Paris la cité.
La serez vous en verité
  Moult honnorée.

DEUXIESME CHEVALIER
Or en soit la vierge loée :
Tant avons erré sanz doubtance
Qu'a Saint Denis sommes en France.
Huy mais touz y habergerons
Fors que tant que nous deux yrons
Dire au roy sanz plus faire eslongne
Conment avons fait la besongne.

Ay je bien dit?
Premier chevalier
Vous n'en serez mie desdit,
Car bien avez dit, ce me semble,
Alez tost prendre hostel ensemble.
Et nous en irons lui et moy 115
Dire ces nouvelles au roy.

Mon chier seigneur, ne savez rien
Conment avons pené, ce tien,
Pour vous et en Hongrie esté.
Nous y avons si exploité 120
Qu'en avons a noble conroy
Amené la fille du roy
Pour ce qu'elle soit vostre femme,
Qui est voir la plus belle dame
Qu'on sache, avec ce qu'est bien née, 125
Voire, et la mieulx moriginée
Et en ses faiz la plus apperte.
Sire, elle est appellée Berthe;
Si que, s'il vous plest, vous venrez
La derrier et l'esposerez 130
En la chapelle.
Le roy Pepin
Voulentiers, seigneurs. Y est elle?
Dites moy voir.
Deuxiesme chevalier
Dya! sire, vous devez savoir
Qu'il vous y convient estre avant, 135
Et elle vous venra suivant :
C'est de raison.
Le roy
G'y vois donc sanz arrestoison :
Suivez me tost.
Premier chevalier
Compaignie touz a un mot 140

Vous ferons, sire.
L'ESCUIER
Alez. Les menestrez voiz dire
Qu'ilz y viengnent sanz detriance.
Seigneurs, chascun de vous s'avance
De venir aux noces royaux
Pour gangnier robes et joyaux :
Delivrez vous.

LA SERVE
Thibert, or entens, biau niepz dous,
Une chose qu'ay pourpensé.
Tu es assez homme assensé ;
Pour ce te vueil mon cuer ouvrir
Et tout mon pensé descouvrir.
Je voulsisse de ta cousine
Faire en lieu de Berthe royne.
Elle est belle fille et apperte :
Se Berthe va pour lui a perte,
Je n'y aconte nient pour voir,
Mais que ma fille puist avoir
Tel nom que femme soit au roy.
Or regarde par quel arroy
Ce pourroit estre.
THIBERT
Il m'y faulroit plus d'un jour mettre
M'entente et y le temps user
Et moult diligenment muser
Ains que voie trouver peusse,
Ne que donner vous en sceusse
A droit conseil.
LA SERVE
Or entens que dire te vueil.
Se vers Berthe puis faire tant
Que sempres après l'anuitant
Je mette ma fille gesir

Avec le roy par le plaisir
De Berthe, je croy se sera
Voie par quoy mieulx ce fera.
Car le roy, c'est ce que je garde, 175
A riens ne prendera ja garde
Mais qu'a acomplir son delit,
Quant sera couchié en son lit;
Et se ma fille depucelle,
Thibert, biau niepz, je seray celle 180
Qui du remenant cheviray,
Si que royne la feray
 Estre de fait.

Thibert

Marie ! ce sera bien fait.
Or y penez, se vous savez, 185
Et se de moy mestier avez
Conme ma belle ante et m'amie,
Sachiez je ne vous faudray mie
 A brief parler.

La serve

C'est bien dit : la pensons d'aler 190
Ensemble ou le roy Berthe espouse.
Ta cousine Aliste la touse,
Se je puis, royne sera,
Et Berthe a deshonneur ira
 Pour l'amour d'elle. 195

Premier sergent d'armes

D'aler en sus nulz ne rebelle,
S'il ne veult avoir de ma masse.
Sus ! devant, touz vuidiez la place.
 Avant ! avant !

Deuxiesme sergent d'armes

Faites nous voye cy devant, 200
Pour amour, seigneurs, je vous pri.
Avant ! sus de cy sanz detry :

Vuidiez, vuidiez!
LE ROY PEPIN
Biaux seigneurs, je vueil ne cuidiez,
205 Mais que la royne cy viengne,
Que nul d'entre vous ne remaigne
Qui ne s'en viengne avecques moy.
Alons men sus : venir la voy.
Un petit me conseillerez
210 Et d'un fait avis m'en donrrez
Que vous diray.
DEUXIESME CHEVALIER
Chier sire, alons. Je le feray
Améement.
PREMIER CHEVALIER
Aussi feray je vrayement
215 Et sanz attente.

LA SERVE
Chiére dame, conme dolente
A vous vueil parler de conseil.
Une chose dire vous vueil
Qui me fu yer en secret dite,
220 Et pour ce vers vous m'en acquite.
L'en m'a fait du roy mencion
Qu'il est d'une complexion
Qu'il n'est femme, s'a elle habite,
Qui n'ait du corps tant de labite
225 Qu'a peines se puist puis aidier.
Dont, s'il vous veult, dame, aprochier
Ennuit et faire son devoir,
J'ay grant doubte, sachiez de voir,
Qu'il ne vous laisse conme morte,
230 Dont le cuer moult me desconforte
Et fait grant mal.
BERTHE
Ha! mére Dieu, vierge royal,

Qui touzjours estes diligens
De faire aide a voz sergens,
Secourez moy par vo puissance, 235
Car de morir ay grant doubtance.
Je n'en puis mais se je lermoie :
Trop pis me va que ne soloye,
 A ce que voy.
  La serve
Chiére dame, plourer vous voy, 240
Qui me fait grant douleur au cuer.
Souffrir ne le puis a nul fuer.
Ne vous esbaissez point, dame.
Ma fille Aliste est assez femme :
Se vous voulez, ne vous ennuit, 245
Je la feray gesir ennuit
En lieu de vous avec le roy.
Face ou ne lui face desroy,
Ne combien que lui doie nuire,
Encore ay plus chier qu'elle muire, 250
 Dame, que vous.
  Berthe
Voire, Maliste, mon cuer doulx,
De ce que dites vous mercy.
Or vous pri je qu'il soit ainsi,
Et certes de ce que ferez 255
Pour moy bon guerredon arez,
 Sachez de voir.
  La serve
Sanz plus cy estre vois savoir
Ou ma fille est, et feray tant
(Ne soiez de riens dementant) 260
Que pour vous la paine emprandra ;
Ne sçay conment lui en vendra :
 Dieu la deffende !
  Berthe
Dieux, c'est droiz que graces vous rende

265 De ce qu'ennuit eschaperay
Qu'avec le roy pas ne gerray;
Car sa compagnie tant craing
Que de paour palis et taing,
Quant a ce pens que ma maistresse
270 M'a dit de lui. Mére Dieu, qu'est ce
Qu'homme peut telle chose avoir?
Pour riens ne le cuidasse, voir,
Jour de ma vie.

LA SERVE

Ores Dieux gart la compagnie!
275 Bien a point vous truis cy touz deux
Fille, se creiez mes conseulz,
Vous serez royne de France,
Et fole vous tien sanz doubtance
Du refuser.

ALISTE

280 M'entente n'est mie d'user,
Mére, par saint Pierre l'appostre,
D'autre conseil fors que du vostre
Et du Thibert.

THIBERT

Or nous dites cy en appert,
285 Belle ante, vostre antencion,
Conment a dominacion
Venra si haulte.

LA SERVE

Vezcy conment, biau niez, sanz faulte:
J'ay mis Berthe a si grant soussi,
290 Car du roy li ay dit ainsi
Qu'avec femme ne peut jesir,
Que s'il fait d'elle son plaisir
Qu'il ne la laisse aussi com morte,
Tant est de complexion forte;
295 Si qu'anuit je feray couchier

Ma fille Aliste, biau niepz chier,
Du gré Berthain avec le roy.
Si que, belle fille, entens moy :
Se le roy prent ton pucellage,
Seuffre le, si feras que sage ; 300
Et demain a l'ajournement
T'envoieray tout bellement
Berthe pour toy faire lever.
Lors te fauldra un po grever,
Car d'un coustel que prest aras 305
En la cuisse te navreras,
Et puis bailleras a Berthain
Le coustel tenir en sa main.
Et quant le tenra, ne detries
Que le haro sur lui ne cries 310
Et dy qu'elle te veult murtrir,
Pour li faire plus amatir ;
Et lors en la chambre entreray,
Qui la besongne parferay
Tellement que seras royne, 315
Et Berthe con povre meschine
Ert excillée.

Thibert
Vous estes si bien conseillée
Que je n'y sçay riens contredire.
Ne pensez d'autre chose dire 320
Fors qu' « il me plaist ».

Aliste
Si fait il, Thibert, a court plait.
Mére, faites voz volentez ;
Je suis celle, ne vous doubtez,
Qui m'i consens. 325

La serve
Aliste fille, c'est grant sens.
Or soiez de venir apperte :
Mener te vueil par devers Berthe.

Thibert, et vous m'atendrez cy.
330 Je retourneray sanz nul si
Tantost, biaux niés.

THIBERT

Faites tant que bien besoingniés ;
Cy demourray.

LA SERVE

Chiére dame, je vous diray :
335 Ma fille Aliste vous amain
Pour meshuy jusques a demain
Souffrir du roy la voulenté
Pour vous, dame : c'est grant bonté
Qu'elle vous fait.

BERTHE

340 Maliste, m'amie, ce fait,
Je vous promet, li pense rendre
Bien brief, se Dieu de mal defendre
Me veult; mais en quelle maniére
(Or y veons, m'amie chiére)
345 Se peut il faire?

LA SERVE

Trop bien, Dieux ! Nous la ferons traire
D'arriére ces courtines, dame,
Tandis conme il n'a cy nulle ame.
Quant le roy couchier se venra,
350 Bien scé savoir le vous fera.
Adonc trestouz vuidier ferons,
Et puis pour vous la coucherons,
Puis nous en irons, vous et moy,
Couchier, c'est le mieux que g'y voy,
355 Jusqu'a demain le point du jour,
Que cy revenrez sanz sejour.
Lors ma fille se levera,
Cy pour elle vous laissera,
Et s'en ystra hors telle quelle :

Je croy bien que non pas si belle 360
   Conme elle est ore.
      Berthe

120 b Ne vous chaut ; il sera encore
Un temps que bien li meriray,
Qu'une chevaliére en feray.
Delivrez vous et l'ordenez, 365
Sanz ce que cy plus vous tenez,
   A vostre guise.
      La serve
En l'eure, dame, sanz faintise.
Belle fille, vien avant, vien.
Ycy toute coye te tien 370
Jusqu'a tant que t'appelleray,
Que feras ce que te diray :
   M'as tu oy ?
      Aliste
S'entendu vous ay bien ? oy,
   Dame, sanz faille. 375
      La serve
J'espére que ce fait te vaille.
Je m'en vois : ne te bouge goute.
Dame, je puis dire sanz doubte
Que mucée l'ay tellement,
Veez, qu'il n'y pert nullement 380
   Qu'il y ait ame.
      Berthe
Vous estes une sage dame,
Ma chiére amie, bien le voy.
Seez vous un po delez moy
   Par fine amour. 385
      La serve
Dame, je feray sanz demour
   Vostre plaisir.
      Deuxiesme chevalier
Chiére dame, le roy desir

A de venir couchier, ce dit ;
Si vous mande que sanz respit
Vous aprestez d'estre couchée
Sanz estre de riens empeschée :
 Tantost venra.

BERTHE

Amis, viengne quant il plaira ;
A son conmand obeïray.
Dictes lui que tost le seray,
 Puis qu'il lui haitte.

DEUXIESME CHEVALIER

Vostre voulenté sera faite :
Dire li vois, ma chiére dame.
Je ne fineray mais, par m'ame,
 Tant qu'a li soie.

BERTHE

Maliste, faites que je voye
Vostre fille en ce lit couchier,
Et puis tantost m'iray mucier
Tant que le roy couchié sera
Et qu'il vous en envoiera.
Lors avecques vous m'en iray
Couchier : ne sçay se dormiray
 Guères ennuit.

LA SERVE

Tantost, dame, ne vous ennuit.
Venez avant, ma fille Aliste :
Meshuy ferez cy vostre giste.
Despoillez vous, ne laissiez pas,
Et vous couchiez isnel le pas
 En ceste place.

ALISTE

Chiére dame, pour vostre grace
Avoir et vostre amour plus grande,
A ce faire c'om me conmande
 Vueil obeir.

Berthe

Jamais ne vous pourray hair, 420
Ne jamais ne vous quier laissier.
Or faites : je me vois mucier
    Dont vous venez.

La serve

Alez, dame; fille, tenez :
A l'esponde de ce lit bel, 425
Esgardez, vous met ce coustel ;
Demain, quant devers vous verrez
Venir Berte, vous en ferrez
En la cuisse, non pas ou flanc,
Tellement qu'en saille le sanc, 430
Et faites si com dit vous ay :
Loing de vous mie ne seray
    Quant ce sera.

Aliste

Je suis celle qui bien fera,
Quanque vous m'avez divisé. 435
Mére, g'y ay moult bien visé,
    N'en doubtez mie.

Roy Pepin

Ore Dieu gart la compaignie
    Que je cy voy !

La serve

Bien veignez, mon seigneur le roy : 440
De riens ne vous pense empeschier.
Je voy bien que venez couchier
Avecques ma dame en ce lit.
A touz deux soit joie et delit.
Je m'en vois reposer aussi ; 445
A Dieu ! plus ne demourray cy :
Ouvrez en con de vostre famme.
Venez vous en, venez, ma dame,
    Tout bellement.

BERTHE

450 Je vois, m'amie, vraiement.

Doulx Dieu, pére misericors,
De ce qu'eschapée suis hors
De la chambre au roy vous gracy,
Et que je suis venue cy
455   Celéement.

LA SERVE

Or pouez bien veoir conment
Vous ain, dame, de bonne amour,
Qui seuffre a ma fille l'onnour
De son corps perdre, et si ouvrer
460 Pour vous que jamais recouvrer
Ne la pourra en son aage :
C'est qu'elle pert son pucellage,
La bonne et belle creature,
Et si se met en aventure
465 De morir, c'est le pis d'assez,
A ce que de mal repassez
    Soit vostre corps.

THIBERT

Si me soit Dieux misericors,
Ce n'est pas presté a usure,
470 Mais est amour passant mesure
    Et oultrebonne.

BERTHE

Voir, je li pense estre si bonne
Amie que me sara gré
De ce fait, mais qu'il soit secré
475   Et bien teu.

THIBERT

Je ne voy pas qu'il soit sceu
Ne qu'il en puist estre nouvelle,
Se l'un de nous ne le revelle.
Je ne say que de vous sera,

Mais ja par moy ne le sara 480
    Homme vivant.
        LA SERVE
Ne par moy certes. Or avant,
Dame : autre chose dire vueil.
Il est temps, je le vous conseil,
Que sanz delay vous atournez 485
Et vers ma fille retournez.
Je croy bien qu'elle ne dort pas.
Alez bellement pas pour pas.
Se le roy dort, oultre passez :
Près de ma fille vous lancez, 490
Et n'obliez pas li requerre
Que de la chambre ysse bonne erre
    Et vous y laisse.
        BERTHE
Voulentiers, m'amie et maistresse.
Je vois faire sanz contredit 495
Tout ce que m'avez ycy dit.
Aliste, Aliste, chiére amie,
Levez sus, ne me faillez mie
    De convenant.
        ALISTE
Berthe, dame, venez avant. 500
J'ay pour vous souffert grief cembel.
Tenez m'un petit ce coustel
    En vostre main.
        BERTHE
Voulentiers voir, jusqu'a demain,
    S'il vous agrée. 505

        LA SERVE
Thibert, d'aler sanz demourée
Jusques en la chambre le roy
Nous mettons touz deux en arroy,
    Mon ami chier.

THIBERT

510 Ne pensez fors de tost marcher :
Je vous suivray.

ALISTE

Ha! roy sire, ne me devray
Mie trop loer sanz doubtance
D'estre pour vous venue en France,
515 Quant lez vous tuer on me veult.
Se de courrouz le cuer me deult,
 J'ay bien raison.

ROY PEPIN

Qu'est ce, dame? quelle achoison
Vous fait crier si haultement?
520 En dormant m'avez malement
 Espoventé.

ALISTE

Qu'en puis je, pour la trinité?
Regardez, sire, quelle plaie
On m'a fait : voir, se je m'esmaie,
525 Je n'en puis mais.

LA SERVE

Hé! Dieux, qu'est ce, dame? onques mais
Ne vous oy faire tel cry.
Dites nous, dites sanz detry
 Que vous avez.

ROY PEPIN

530 Une murdriére fille avez,
Dame, et une mauvaise garce.
Mais certes elle sera arse
 Huy en ce jour.

LA SERVE

Ha! franc roy, mercy! sanz sejour
535 De l'ardoir n'y ait respité
S'elle a fait quelque mauvaistié
 Contre vous, sire.

LE ROY

Ma compaigne a volu occire
Du coustel qu'el tient en sa main
Lez moy. N'est ce pas fait vilain   540
    Et plain d'oultrage ?

LA SERVE

Sa, dame, sa, qu'a male rage
Puissez morir et a tourment !
Si ferez vous certes briefment.
Thibert, venez avant, biau niez,   545
Appertement et si m'aidiez
Ceste glote mettre en tel point
Qu'eschaper ne nous puisse point
    Ne nul mot dire.

THIBERT

Fait vous sera sanz contredire.   550
N'en aray ja misericorde,
Mais que j'eusse de la corde
    Isnel le pas.

LA SERVE

Thibert, a ce ne faudrez pas.
    Tenez, amis.   555

THIBERT

En tel point la vous aray mis
Bien tost qu'aidier ne se pourra,
Ne qu'elle mot ne sonnera
    Ne qu'un muet.

LA SERVE

Dame, dame, savez qu'il est?   560
Se dites mot, certainement
Coper la teste ysnellement
Vous feray sanz autre conroy.
Thibert, je m'en revois au roy :
    Gardez la cy.   565

THIBERT

Alez, n'en soiez en soucy :

Bien sera fait.
LA SERVE
Mon treschier seigneur, de ce fait
Vous requier humblement mercy,
570 Et a vous, chiére dame, aussy.
Car quant verez en quelle guise
Ma fille est atournée et mise,
Vous serez par raison meu
De dire coulpe n'ay eu
575   En sa folie.
LE ROY
Taisiez, vielle; Dieu vous maudie!
C'est bien traison approuvée,
Que vostre fille la desvée
Vouloit cy Berthe ma compaigne
580 Murdrir. Or prengne s'elle y gaigne :
Je vous promet arse sera ;
C'est ce qu'elle en emportera
    Pour son loier.
ALISTE
Mon seigneur, je vous vueil prier,
585 N'en sachez mal gré ceste dame,
Car c'est une si preude famme
Com fame peut estre trouvée,
Mais sa fille est une desvée
Et par lunoisons hors du sens.
590 Pour ce, sire, soit vostre assens
Que ceste chose soit teue,
Si que de nul ne soit sceue,
Fors que d'entre nous qui cy sommes,
Sire; et prenez trois de voz hommes
595 Ausquelx soit la garce livrée,
Et en loingtaing pais menée,
Et la l'occient sanz attente ;
Car je seroie trop dolente;
Puis qu'amenée avec moy l'ay.

Se le savoient clerc ne lay. 600
Et ce premier don, treschier sire,
Que je vous requier, escondire
    Ne me vueillez.
      Le roy Pepin
Dame, afin que ne vous dueilliez
Point de moy, j'oy bien vo recors : 605
Tout ce qu'avez dit vous accors,
Et si preng ceste femme en grace
Et vueil qu'elle en ordene et face
Ainsi que bon lui semblera :
Des sergens assez tost ara 610
Qui feront a plain son conmand.
Venez avant, venez, Morand,
Et vous, Renier et Godefroy,
Je vous conmand et si vous proy
      Ycy va le roy en sale.
Qu'a ceste dame obeissez 615
Et pour riens nulle ne laissez
Que ce qu'elle vous chargera
Ne faciez, si com vous dira,
    Tous trois ensemble.
      Morant
Sire, nul de nous, ce me semble. 620
N'a voulenté de vous desdire.
Conmande : nous sommes prest, sire,
    De son gré faire.
      La serve
Sire, ne vous vueille desplaire,
Je vois la besoingne ordener 625
Ainsi c'on la devra mener.
Alez vous en hardiement
Reposer, que certainement
Ne la tien point pour ma fille estre,
Puis qu'elle vouloit a mort mettre 630
Ma dame par sa mauvaistié.

Seigneurs, or tost, par amistié
Alez chascun s'espée querre
Et venez la a moy bonne erre,
Et je tandis apresteray
Ce de quoy chargier vous voulray.
         Delivrez vous.
         GODEFROY
Dame, tost irons a vous tous;
         N'en doubtez point.

         LE ROY
Dame, je revieng. En quel point
Vous sentez vous, ma doulce amie?
Estes vous grandement blecie?
         Dites le moy.
         ALISTE
Nennil, sire, mais paour oy,
Et tout le cuer si m'esbahy,
Et m'espoventay quant je vy
         Mon sanc couler.
         LE ROY
Ne vous chaut; laissiez le plorer,
Ne de la garce ne vous chaille.
Jamais ne la verrez sanz faille,
Dont toute liée devez estre,
Car encore vous peust mettre
Par aventure, dame, a fin
Ou par herbes ou par venin.
         Laissiez aler.

         LA SERVE
Savez de quoy vous vueil parler,
Thibert? Quant cy venuz seront
Ceulx qui Berte et vous conduiront,
Et vous verrez qu'il sera point,
Ne mettez en obli ce point,

Mais en soiez touz enortez,
Que le cuer d'elle m'aportez :
　　Je vous en proy.
　　　THIBERT
Dame, a voz grez faire m'ottroy
Miex, ce croy, que vous ne pensez. 665
Souffrez vous, et si m'en laissez,
　　Dame, chevir.
　　　RENIER
Pour faire tout vostre plaisir,
Si com dit le nous a li roys,
Dame, venons a vous touz troys. 670
　　Qu'avons a faire ?
　　　LA SERVE
Il fault que je le vous declaire.
Le roy veult et est son accort
Qu'une personne prengne mort
(C'est sa voulenté et son gré) 675
Loing de cy et en lieu secré
Conme en forest et lieu desert ;
Et vezcy mon nepveu Thibert
Qui avecques vous s'en ira
Et a son plaisir la menra, 680
Sanz vous d'elle en riens entremettre,
Tant que la doiez a fin mettre.
Or avant : mettez vous a voie.
Thibert, gardez nul ne la voie,
　　Biau niez, que vous. 685
　　　THIBERT
Sus, seigneurs, alez devant nous :
Je suis qui seul la conduiray.
Venez aussi conme g'iray,
　　Dame : il le fault.
　　　BERTHE
Ha ! Dieu, pére du ciel en hault, 690
Ce que n'ay desservy compére.

Est il angoisse qui s'apére
A la douleur que j'ay pareille ?
Nenil pour certain. Or me vueille
695 Dieu conforter a cest besoing !
Car traie me voy et loing
De recouvrer ami n'amie.
Ha ! tresdoulce vierge Marie,
 Secourez moy.

THIBERT

700 Seigneurs, arrestons ycy coy
Touz ensemble, ce vous conmans.
En la forest sommes du Mans.
Assez avons, par verité,
Eslongné Paris la cité,
705 Et sommes en lieu solitaire.
Faisons ce que nous devons faire
 En ce desert.

MORANT

Or nous monstrez a plain, Thibert,
Qui c'est que nous morir ferons.
710 Plus tost nous en consentirons
 A ce que dites.

THIBERT

Afin que ne me contredites,
Vezcy que je la vous descuevre.
Or avant : mettons nous en euvre.
715 Premier vueil m'espée sachier
Pour li parmy le corps fichier
 Tout maintenant.

MORANT

Thibert, je t'ay en convenant
Et te jur Dieu de paradis
720 Que se tant soit po t'enhardis
A elle ferir ne tochier,
Que je t'yray le chief tranchier

Se tu la fiers.
Thibert
Morant, serés vous bien si fiers
    Encontre moy? 725
Morant
Oil, par la foy qu'a Dieu doy,
Se jamais ne devoie en France
Demourer : n'en aies doubtance,
    Mais le tien vray.
Thibert
Certainement je l'occirray, 730
Ja ne la lairay a nul fuer;
Et s'en emporteray le cuer
A Maliste, m'amie chiére,
Cy dedanz ceste pautonniére
    Maugré vous touz. 735
Godefroy
Oultrageux estes et estouz,
Thibert, de vous mettre en fermaille,
Et vous en mentirez sanz faille.
Avant : courons li sus bonne erre
Touz troys et le jettons a terre. 740
Il y est. Or le tenons tant,
Renier, vous et moy, que Morant
L'ait desliée et mise en voie,
Que Thibert jamais ne la voie :
    C'est mon conseil. 745
Renier
Vous dites bien et je le vueil.
Ce seroit a nous grant laidure
Que si tresbelle creature
Occisissons, c'est a un mot.
Morant, desliez la tantost 750
    Et si s'en voise.
Morant
Je vois, seigneurs, doulce et courtoise *123 a*

Et gentil femme est a m'entente.
Belle, alez vous en sanz atente ;
755 Du mal qu'avez souffert m'anuie.
Fuiez vous en. Dieux vous conduie
   A sauveté.
      BERTHE
Chier sire, de ceste bonté
Vous soit Dieux loier. Je m'en vois
760 En destour mucier en ce boys
   Mieulx que pourray.
      THIBERT
Seigneurs, bien voy pas ne feray
Ce que l'en m'avoit enchargié.
La garce par vostre congié
765 S'en fuit : ne la puis jamais prendre ;
Mais certes je vous feray pendre
Se jamais a Paris venez.
Touz trois seurs vous en tenez
   Hardiement.
      GODEFROY
770 Et nous t'occirons vraiement
Touz trois, ains que partes de cy,
Se jamais parles de cecy :
   Gardes t'y bien.
      THIBERT
Je crain autant le poil d'un chien
775   Conme vous trois.
      RENIER
Voire dia! Et par sainte crois,
De cy n'yras mais plus avant,
Si nous aras en convenant
Que jamais n'en feras recort
780 Et que seras de nostre accort.
Or le nous jures cy endroit,
Ou tost morras, soit tort ou droit,
   Tout maintenant.

Thibert

Ha! seigneurs, je vous convenant,
Mais que la vie me sauvez, 785
Je feray quanque dit m'avez
Segurement, n'en doubtez point;
Et que regardons par quel point
Vers Maliste quites serons
Du cuer que porter lui devons 790
De celle qui est eschappée
Qui par vous trois s'en est alée,
 Vous le savez.

Morant

Thibert, verité dit avez :
Je vous diray que nous ferons. 795
Le cuer d'un pourcel prenderons
En lieu du cuer la doulce belle,
Et dirons c'est le cuer de celle
A Maliste qu'a demandé
Et qu'a occirre a conmandé, 800
Et nous entrefiancerons
Que du remenant nous tairons
 A touz jours mais.

Thibert

Or tenez ma foy que jamais
Pour honneur que j'aye ou diffame 805
Homme ne le sara ne fame,
 Au mains par moy.

Godefroy

Autel le vous jur, par ma foy,
 N'en puis plus dire.

Renier

Et nous ne serons pas de pire 810
Condicion, moy et Morant,
Que vous trois serez. Or avant :
Alon men ce cuer pourchacier,
Puis pensons de nous adressier

815 D'aler le presenter Maliste,
Afin que chascun tiengne a quitte
De sa promesse.

MORANT

Alons nous ent par ceste adresce :
C'est nostre voie.

BERTHE

820. E! biau sire Dieu, je soloye
Avoir qui me menoit en destre,
Quant j'aloie ou que soit, et estre
Des plus nobles acompaigniée.
Or suis cy seule traveilliée,
825 Esgarée et morant de fain.
Vierge mére au roy souverain,
Mal semble estre de gent royal.
Ha! vielle, faulx cuer desloyal,
Bien m'as traie a ceste foiz,
830 Quant me fault aller par ce boiz
Conme povre fille esgarée.
Et! mére Dieu, vierge honnorée,
Confortez moy par vostre grace.
Asseoir me fault, tant sui lasse
835 Du corps et vaine.

THIBERT

Dieux qui fist creature humaine
A sa semblance quant a l'ame
Vous gart de mal, ma chiére dame.
Nous touz qui cy sommes present
840 De ce cuer vous faisons present,
Et voulons bien que vous sachiez
Que du ventre a esté sachiez
De celle qui nous fu livrée
Pour morir : elle est delivrée.

Fait en avons bien vo conmans. 845
En la haulte forest du Mans
   Le corps en gist.

LA SERVE

Bien est, seigneurs ; il me souffist.
Gardez ce fait secré tenez,
Et demain a moy revenez ; 850
C'est m'entente : touz vous feray
Riches de ce que vous donray.
Alez vous en a voz hostiex.
Thibert, vous et moy pour le mieux
Au roy et a la royne irons, 855
Et de ce fait cy leur dirons
   Si conme il est.

THIBERT

Alons, dame, je suis tout prest :
   Entrez en voie.

LA SERVE

Mon chier seigneur, honneur et joie 860
Vous doint Dieux et grace divine
Et a ma dame la royne
Que les vous voy acompaignie.
Ma fille n'ay pas espargnie
De morir, si conme il appert. 865
Vez en cy le cuer que Thibert
   Vous en apporte.

LE ROY

Thibert, est ce voir qu'elle est morte ?
   Ne me mentez.

THIBERT

Chier sire, oil voir, n'en doubtez. 870
Voz trois sergens et moy, nous quatre,
L'avons si loing menée esbatre
Que jusqu'en la haulte forest

Du Mans, et la demourée est,
875 Car ilec morir la feismes
Et lez un buisson l'enfoismes.
Mais avant le cuer lui ostasmes
Du ventre et si l'en apportasmes :
　　Veez le cy, sire.

ALISTE

880 Tibert, donc pouons nous bien dire
Jamais traison ne fera,
Ne jamais femme ne ferra,
　　A ce que dittes.

THIBERT

De cela nous tenons pour quites
885 　　Hardiement.

LA SERVE

Chier ami Thibert, ralons ment,
Puis qu'avons fait au roy savoir
De vostre besongne le voir :
　　Il en est temps.

THIBERT

890 Dame, je n'y met nul contens.
Alons, bon gré vous en saray.
Volentiers reposer yray :
　　Traveillié sui.

LA SERVE

Par vostre congié pour meshui,
895 　　Sire, m'en voise.

LE ROY

Alez, Maliste, ma bourgoise :
　　Il me plaist bien.

BERTHE

E! Dieux, par ce bois vois et vien
Et cuide aux champs touz jours venir,
900 Mais c'est nient : n'y puis avenir ;

Ainçois con plus fais de voiage,
Plus truis ceste forest sauvage
Et deserte sanz nulle adresse.
Ha! Blancheflour, se la detresse
Que je port saviez, doulce mére, 905
Ne vous, roy Floires, mon chier pére,
Tost envoiriés bonne aleure,
De ce suis certaine et seure,
Pour moy querir de terre en terre.
Or ne vous puis de ce requerre, 910
Car je n'ay varlet ne meschine.
Oncques mais fille de royne
Ne fu mise a confusion
Telle con je par traison,
Ne n'endura tant de meschief; 915
Et si n'en voy ne fin ne chief.
Fortune du hault de sa roe
M'a bien jetté en my la boe
Et mise en dure adversité
Selon la grant prosperité 920
Et l'onneur ou je soloie estre.
Ha! glorieux Dieu, roy celestre,
Combien que mon corps soit lassez
Et que de meschief aie assez
Et de biens mondains nient ou po, 925
Sire, je vous gracie et lo
De cuer et de bouche humblement.
Mére Dieu, et vous ensement
Rens je graces, c'est bien droiture,
Du meschief que port et endure 930
Et de la peine dolereuse
Que je sens. Vierge glorieuse,
Qui les desvoiez ravoiés,
S'il vous plaist, confort m'envoiez,
Car certes grant besoin en ay. 935
Il s'anuite, dont moult m'ennoy :

Ne puis aler en avant, lasse!
Et si n'ay de quoy me repasse
Nis un tout seul morsel de pain,
940 Et! lasse, et s'ay le cuer si vain
Qu'avis m'est que du tout me fault.
C'est pour nient : demourer me fault
Ycy. Mére Dieu, que feray?
Coulte ne coissin n'y aray
945 Ne tapiz pour couvrir mon corps.
Ha! Dieu, pére misericors,
Puis que la chose ainsi me vient
Qu'arrester ycy me convient
Maishuy et a terre jesir,
950 Sire Dieu, par vostre plaisir,
Vueillez m'en pitié regarder
Et de villaine mort garder.
N'y a plus : cy me couche et met
Et en vostre garde me met,
955 Doulx Jhesus, filz de Dieu le pére,
Et en la vostre, vierge mére,
  Plaine de grace.

Dieu

Mére, entendez : je vueil c'on face
Celle fille que je la voy
960 Confort. Alons y, vous et moy.
Trop a soufert mal sanz raison;
Mal menée est par traison
Et honnie vilainement,
Et toutes voies doulcement
965 Pour mon amour le sueffre et porte,
Et pour ce que je la conforte
Y vueil aler. Vous si ferez,
Et compagnie me tenrez,
Je sçay bien voire voulentiers.

Saint Jehan, et vous ferez le tiers ; 970
Anges, vous y venrez aussi.
Faites que nous partons de cy
　　Trestouz ensemble.
　　　NOSTRE DAME
Il appartient bien, ce me semble,
Mon Dieu, mon chier fil et mon pére, 975
Que vostre grace lui appére.
　　Or sus, trestouz.
　　　SAINT JEHAN
Dame des cieulx, si ferons nous.
Seigneurs anges, plus n'atendez :
De cy touz deux jus descendez 980
　　Isnellement.
　　　GABRIEL
Nous le vous ferons liement,
　　Jehan, biau sire.
　　　MICHIEL
Et nous sarez vous point a dire,
Jehan, quelle part nous irons, 985
Ne s'en alant point chanterons ?
　　Qu'en dites vous ?
　　　NOSTRE DAME
Or entendez, mes amis dous :
Par cy tout droit vous en irez ;
En alant touz trois chanterez 990
　　Rondel ou lay.
　　　GABRIEL
Avant ! conmançons sanz delay
　　Et chanton a haulte alaine.
　　　RONDEL
　Bien emploie cilz sa paine
　Qui Dieu et sa mére sert, 995
　Car paradis en dessert.
S'adversité le demaine
Ou meschief li sont ouvert,

　　　　　Bien emploie cil sa paine
1000　　　Qui Dieu et sa mére sert.

　　　　　　　　Dieu
　　　　　Fille qui dors en ce desert,
　　　　　Esperdue et lasse de corps,
　　　　　Entens, entens a mes recors.
　　　　　Je voy ta desolacion :
1005　　　Je sçay que par devocion
　　　　　M'as appellé et a grans lermes :
　　　　　Pour ce vieng cy; sache li termes
　　　　　Approche que miex te sera
　　　　　Et que ta paine finera.
1010　　　Or pense de toy liée offrir
　　　　　A encore un petit souffrir,
　　　　　S'ainsi est qu'il te viengne ennui;
　　　　　Et se tu penses qui je sui,
　　　　　Je suis cellui qui partout voy,
1015　　　Je suis qui n'ay pareil a moy,
　　　　　Je suis qui fas le soleil luire,
　　　　　Les planettes ou ciel conduire;
　　　　　Je suis cellui, de ce me croys,
　　　　　Qui pour humains souffry en crois
1020　　　　　Mort tresamére.
　　　　　　　　Nostre Dame
　　　　　Il dit voir, et je suis sa mére,
　　　　　M'amie : en mon corps le portay
　　　　　Neuf mois, et vierge l'enfentay
　　　　　Sanz doulour nulle a l'enfanter
1025　　　Santir n'avoir peine au porter.
　　　　　Grant joie avoir doiz sanz doubter,
　　　　　Quant cy te venons visiter,
　　　　　Si mez en Dieu ton esperance,
　　　　　Et il te fera sanz doubtance
1030　　　Mieux que sohaidier ne saras,
　　　　　Quant tu garde ne t'en donras.

Maintenant ne te dirons plus.
Ralons nous ent trestouz la sus,
    Sanz plus cy estre.

Saint Jehan
Dame de la gloire celestre,   1035
A vostre vueil obeirons,
Et joieusement chanterons
    Pour vostre amour.

Michel
Ne faisons ycy plus demour,
    A aler nous ent m'acors.   1040
    Sus : chantons par doulx accors
En alant ou Dieu demaine.

Rondel
Puis que de cuer devot paine
D'amer Diex, riens il ne pert :
Dieux l'aime aussi, dont appert   1045
    Bien emploie cilz sa paine
Qui Dieu et sa mére sert,
Car paradis en dessert.

Berthe
Et ! Dieux, que j'ay ennuit souffert
Une male nuit et pesant   1050
De froidure et de temps cuisant !
Et nient mains en avision,
Ne say se c'est illusion,
Ay veu venir, ce me semble,
A moy Dieu et sa mére ensemble,   1055
Qui doulcement me confortoient
En mon meschief et m'enortoient
A le pacienment porter
Et pour moy plus reconforter,
Ce me sembla quant s'en alérent   1060
Que si tresdoulcement chantérent
Ses anges par grant melodie

Qu'estre ne pourroit qui le die.
Ainsi en mon adversité
M'a aucunement bien esté,
Dont, tresdoulx Dieu, je vous mercy,
Et vostre doulce mére aussi,
Et vous fas un veu que tenray,
Que jamais, sire, ne diray
Pour meschief qu'aie ne desroy
Que je soie fille de roy
Ne c'onques m'espousast Pepin
Le roy des Frans, se n'est afin
Que je m'en face plus doubter
Pour ma virginité garder.
Ceste place cy vueil laissier,
Mére Dieu, vueillez m'adressier
A telle voie, a tel sentier
Com vous savez que j'ay mestier.
Par ceste sente m'en iray
Et a Dieu me conmanderay,
Qui me doint bon chemin tenir.
E! Diex, un homme voy venir
Encontre moy parmy ce val.
Dieu doint qu'il ne me vueille mal!
A l'encontre de lui m'en vois
Pour savoir conment de ce bois
Je pourray plus tost issir hors.
Sire, que Dieux misericors
Vous soit! enseignez me chemin
Qui de ce bois me mette a fin
Et maine a ville.

SIMON

Dame, foy que devez saint Gille,
D'ou venez vous si matinet?
Il me semble grant folie est
De venir ycy seule femme.
Or me dites voir, par vostre ame,

Dont estes vous?
Berthe
Je le vous diray, sire doulx.
Du païs sui devers Aussay.　　　　　　1100
Mon pére l'autre jour laissay ;
De li m'emblay pour ma marrastre
Qui souvent me prenoit a batre
Et sanz raison trop lourdement,
Et pour ç'aussi que longuement　　　　1105
La guerre a ou païs esté,
Par quoy avons esté gasté.
Or m'en repens, mais c'est a tart.
Certes, frans homs, le cuer me part
De famine, et le corps me tremble　　1110
De froit, et, pour Dieu, s'il vous semble
Qu'aumosne en moy bien emploiez,
Vostre pitié me desploiez
Et m'enseignez quel part yray
Ou a mengier trouver pourray,　　　　1115
Car de fain grant mesaise endure,
Et ceste nuit m'a esté dure
Et male, dont le cuer me serre,
Car jesir a la pure terre
　　　M'a convenu.　　　　　　　　　1120
Simon
Belle, il vous est bien avenu.
Je vous deffens plus ne plorez.
Assez tost toute aise serez,
Par le sacrement de l'autel.
De cy n'est pas loing mon hostel.　　　1125
Sa ! la main : je vous y mainray,
N'en doubtez ; bien vous aiseray
　　　Et voulentiers.
Berthe
Dieu le vous rende, sire chiers,
　　　Par sa puissance.　　　　　　1130

SIMON

Ou estes vous, dites, Constance ?
Ceste fille cy vous presente.
Toute esplourée et moult dolente
L'ay je trouvée en la forest ;
1135 Morant de fain et tramblant est
De la froidure qu'a eu,
Car ennuit a ou bois jeu.
De bonnes gens est a m'entente.
Je vous pri, pensez sanz atente
1140   De li aisier.

CONSTANCE

Mon seigneur, pour vous apaisier,
Voulentiers : ne vous en doubtez.
Hardiement de cy partez,
S'alez penser d'autre besongne :
1145 De bien li feray sanz eslongne
    Quanque pourray.

SIMON

Voire, pour Dieu, je revenray
Assez tost de la ou je vois.
Mes heures vois dire en ce bois,
1150   Puis dinerons.

CONSTANCE

Alez ; tantdis en penserons.
M'amie, bien veignez sanz faille.
Comment avez nom ? Ne vous chaille
    De vostre perte.

BERTHE

1155 Chiére dame, j'ay a non Berthe
    Depuis m'enfance.

CONSTANCE

Aussi la royne de France,
Que de nouvel a espousée
Roy Pepin, est Berthe nommée.
1160 Berthe, de quanque nous pourrons,

M'amie, nous vous aiserons
Pour l'amour de Dieu bien et bel.
Ayglante et vous, fille Ysabel,
De moy vous convient aprouchier.
Ceste femme nous fault couchier   1165
  Cy en ce lit.
Ysabel
Si le ferons a grant delit.
Sa ! ma suer, avec moy prenez,
Mére, et vous les piez soustenez.
Avant : ensemble la levons   1170
Doulcement, que ne la grevons :
  N'en a mestier.
Ayglante
Je le feray de cuer entier.
  Or sus, ensemble.
Constance
Bien est : ne li fault, ce me semble,   1175
Fors que son corps soit bien couvert.
Baillez ça ce surcot de vert
  Et cel pelice.
Aiglante
Tenez, mére : mais qu'elle puisse
Eschaufer, en bon point sera ;   1180
Le repos si la gairira.
  Or la laissons.
Ysabel
Ycy près de lui nous seons,
Tandis qu'elle prenra repos,
Et besongnons a mon propos ;   1185
  Ce n'iert que bien.
Aiglante
C'est voir, ma suer ; ainsi le tien.
Mére, s'estes d'aucun affaire
Embesongnée, alez le faire
  Hardiement.   1190

CONSTANCE

Oil, fille, certainement;
J'ay pour vous soie a desvuidier,
Mes tournettes en vois vuidier,
Et puis autre chose feray.
Oiseuse mie ne seray,
　　Fille Eglantine.

BERTHE

E! mére Dieu, des cieulx royne,
Louer vous doy bien par droiture,
Quant, selon ma dure aventure,
J'ay cy trouvé ces bonnes gens
Qui de moy sont si diligens,
Si curieux et si soingneux
Que chascun me fait qui miex miex.
Dieu les ayme, si com je pens.
Mais d'une chose me repens
De ce que j'ay dit mon droit non,
Car je doubt, s'il en est renom,
Que mon affaire ne bestourne
Et qu'il faille que me destourne.
Dieu, qui hault siet et qui loing voit,
Me doint que de pis ne m'en soit
　　Ça en arriére.

CONSTANCE

Filles, je revieng. Quelle chiére,
　　Berthe m'amie?

BERTHE

Dame, ne vous mentiray mie.
Il m'est bien, la vostre mercy :
Le repos que j'ay pris ycy
　　M'a moult valu.

CONSTANCE

Il ne vous sera point tolu,
Mais cest hostel un mois entier
Et tout ce dont arez mestier

Vous habandon.
BERTHE
Dame, grans merciz de ce don.
Ne le refuseray maishuy.
Pieça que si ayse ne fuy 1225
Com j'ay esté. Dame, souplait,
Lever me vueil et, s'il vous plait,
Un petit me lairez ouvrer,
Pour esbatement recouvrer,
Aussi conme ont ouvré voz filles. 1230
N'en sçay pas qui vaille deux quilles,
Mais ce qu'en cé tieng de jonnesce,
Car ma mére en estoit maistresce
Et grant ouvriére.
YSABEL
Or soit veu, m'amie chiére, 1235
Conment cy dessus ouvrerez
Et quelle besongne y ferez,
Je vous en pri.
BERTHE
Dame, voulentiers sanz detri ;
Se je ne fas si bien com vous, 1240
Je vous pri, n'en aiez courrouz.
Je feray ce que je saray,
Et puis si le vous monstreray.
Veez que j'ay fait.
AIGLANTE
Monstrés. Sanz doubte c'est bien fait ; 1245
N'est pas euvre d'ouvriére nice.
Je vueil estre vostre apprentisse,
Berthe m'amie, vraiement.
Mére, ne souffrez nullement
Que hors d'avecques nous s'en voit : 1250
Que se Dieux sa grace m'envoit,
S'elle s'en va, je m'en iray
Avec li. Point ne la lairay,

N'en doubtez goute.
Ysabel
1255 Si feray je, ma seur, sans doubte.
Elle est ouvriére tresparfaitte.
Besongne onques mais ne vi faite
Si bonne conme de lui voy.
Vers li ne savons ce ne coy,
1260   A dire voir.
Constance
Berthe, je vous fas assavoir,
S'avec nous voulez demourer,
Autant vous voulray honnorer
Com mes filles, ne plus ne mains,
1265 Et ne doubtez qu'entre voz mains
Ne vous mette quanque j'aray.
Et une chose vous diray :
Se vous mettez en ma manaie,
Ne doubtez que bien ne vous paie,
1270   Foy que doy m'ame.
Berthe
Et je demourray donques, dame,
Avecques vous de bon vouloir ;
Et vous promet qu'a mon pouoir
Vostre honneur et vostre prouffit
1275 Garderay, par Dieu qui me fit ;
    N'en doubtez point.
Ysabel
Puis que nous sommes a ce point,
Berthe, avec nous vous asserrez
Et a ouvrer nous monstrerez
1280   Cy sanz demeure.
Berthe
M'amie, soit en la bonne heure :
Voulentiers lez vous m'asserray.
Regardez conment je feray
    Pour aussi faire.

Blancheflour

Mon chier seigneur, vueille vous plaire 1285
A m'ottroier qu'en France voise
Afin que Berthe la courtoise
Nostre fille puisse veoir.
Vous savez nous n'avons plus hoir :
Nostre gendre, si com me semble, 1290
Et sa femme sont mors ensemble,
Qui tenoient toute Soissongne ;
De ce rien miex ne nous besongne :
Miex amasse chascun vesquist.
Et si vous di moult m'esbahist 1295
Un songe que j'ay ennuit fait,
Dont je vous compteray l'effait
Et dont grant pensée m'est sourse.
Il m'estoit, sire, avis qu'une ourse
Me mangoit tout le costé destre, 1300
Et puis avoloit pour soy mettre
Un grant aigle sur mon visage ;
Et pour ce songe ainsi sauvage
Certainement j'ay grant doubtance
Que Berthe n'ait quelque nuisance. 1305
Si vous requier en guerredon,
Sire, que me faciez ce don
    Que veoir l'aille.

Roy Floires

Vous dites merveilles, sanz faille.
Conment, se ja ne vous meschiéce, 1310
Pourray j'estre cy si grant piéce
    Sanz vous veoir?

Blancheflour

E ! sire, vous devez savoir
Mal pert que de nous soit amée,
Quant depuis que fu mariée 1315
Je ne la vy, ne vous aussi.
Souffrez par la vostre mercy

Que je la voie.
FLOIRES
Dame, de faire ceste voie
Voulentiers congié vous donrray,
Par ainsi com je vous diray.
Vous savez pieça nous manda
Que du roy Pepin deux filz a :
Icy m'enconvenancerez
Que quant avec Berthe serez,
Tant ferez qu'elle vous donrra
L'un de ses filz, qui s'en venra
Avec vous ; si le garderons,
Et après nous l'ordenerons
    Roy de Hongrie.
BLANCHEFLOUR
Sire, je le vueil et ottrie,
Et si vous convenanceray
Qu'a mon pouoir m'en peneray
    D'avoir en l'un.
ROY FLOIRES
Assez avez gent de conmun ;
Mais pour estre voz conseillers
Vous arez ces deux chevaliers
Et ces deux massiers, je le vueil ;
Et ne faites riens sanz conseil,
    Ma chiére amie.
BLANCHEFLOUR
Nanil, sire, n'en doubtez mie,
Ains useray de voz conmans.
Je m'en vois ; a Dieu vous conmans,
Et vous diray que je feray :
Mon messagier envoieray
Devant, pour moy miex pourveoir,
Dire au roy que le vois veoir
    Et a Berthain.

LE ROY FLOIRES
Dame, il appartient de certain,
　　S'est de raison.   1350
　　BLANCHEFLOUR
Galopin, sanz arrestoison
Peine toy de mettre a chemin
D'aler en France au roy Pepin,
Disant que je, s'amie chiére,
Le vieng veoir a lie chiére   1355
Et Berthe ma fille, sa femme.
Et qu'il ne le tiengne a diffame :
　　C'est pour amour.
　　LE MESSÀGIER
Dame, sanz faire cy demour,
G'y vois. Sachez ne fineray   1360
Jusqu'a tant que dit lui aray.
A Dieu vous conmans; je m'en vois.

Honneur vous doint Dieu, sire roys,
Et de longue vie termine,
Et a ma dame la royne   1365
　　Doint Dieu leesse.
　　LE ROY PEPIN
Amis, quelle cause t'adresse
　　A venir cy?
　　LE MESSAGIER
La cause si est ceste cy.
Blancheflour, ma treschiére dame,   1370
Mére ma dame, vostre femme,
Vous mande qu'en ceste sepmaine
La verrez; de venir se peine
Tant conme peut; point ne detrie.
Depuis que parti de Hongrie   1375
Un tout seul jour n'a sejourné,
Mais si tost qu'il est adjourné
Chevauche fort, sachez de voir,

                    Tant a grant desir de veoir
1380   Vous, sire, et elle.
                        Roy Pepin
            Dame, pieça n'oy nouvelle
            Dont j'eusse le cuer si lié.
            Estre doy bien tost conseillié
                Que je feray.
                        Aliste
1385   Mon chier seigneur, je vous diray :
            A l'encontre d'elle en irez.
            Vostre grant honneur y ferez,
                Puis qu'elle est femme.
                        Roy Pepin
            C'est bien mon entencion, dame.
1390   Messagier, a lui t'en riras,
            Et si la me salueras.
            Dy li qu'ains quart jour au plus tart
            Je seray a lui quelque part
                Qu'elle sera.
                        Le messagier
1395   Ce message fait vous sera,
                Sire, bonne erre.
                        Le roy
            Alez me tost mes deux filz querre :
            Contre leur belle ole venront
            Et compaignie me feront
1400   En ce voiage.
                        L'escuier
            Mon chier seigneur, de bon courage
            Les vois querre sanz alentir.
            Or poez, s'il vous plaist, partir :
                Vez les cy, sire.
                        Le roy Pepin
1405   Dame, je ne vous say que dire :
            Je m'en vois querre vostre mére;
            Voulentiers verray quelle chiére

Vous li ferez.
ALISTE
Bonne, sire, et vous le verrez,
S'il plaist a Dieu. 1410
LE ROY
Sus, seigneurs, partons de ce lieu.
Alons querre a joie ma dame
Blancheflour, la mére ma femme.
Je ne vueil que plus on detrie,
Quant de si loing com de Hongrie 1415
Est ci venue.
PREMIER CHEVALIER
Certes, chascun de sa venue
Doit avoir joie.
DEUXIESME CHEVALIER
C'est bien raison, se Dieu me voie,
Puis qu'onques mais ne fu en France : 1420
De tant la devons sanz doubtance
Plus honnorer.
LE ROY
Seigneurs, ne vueil finer d'aler
Tant que la voie.
ALISTE
Je vous pri, mettez vous a voie 1425
Bien tost, damoiselle Lucrece,
D'aler me querre ma maistresse.
Or ne soiez d'aler y vaine,
Et dites que Thibert amaine
Avecques elle. 1430
LA DAMOISELLE
Dame, preste suis et ysnelle,
Puis que vous plaist, d'aler la querre.

Venez vous en, dame, bonne erre,
Et vous aussi, par amour fine,
Thibert, parler a la royne : 1435

Touz deux vous mande.
LA SERVE
Thibert, puis qu'elle nous demande,
Aler nous y fault sanz atente.
De nouvel y a, a m'entente,
    Quelque besongne.
THIBERT
Avant : alons men sanz eslongne;
Il ne fault point ycy songier.
Aler devons de cuer ligier
    A nostre amie.

LA DAMOISELLE
Chiére dame, failli n'ay mie
A trouver Maliste et Thibert,
Et chascun a esté appert
    De cy venir.
ALISTE
En sus de nous vous fault tenir,
Car parler voulons de conseil.
Savez vous que dire vous vueil,
Mére ? mal nous va sanz doubtance :
La mére Berthe vient en France,
Et si est ja en Cambresis.
Nous sommes perduz et honnis.
    Que pourrons faire ?
THIBERT
Se c'est voir, mal va nostre affaire,
    Dame, sanz doubte.
ALISTE
Se c'est voir ! le roy a grant rote
De gent, pour la aconvoier,
Y va, et pour la festoier.
    Nous que ferons ?
LA SERVE
Fille, bien vous conseillerons.

Con malade vous coucherez,
Ne du lit point ne leverez, 1465
Si tenrons les fenestres closes
De la chambre sur toutes choses,
Afin que ne soiez veue
En la face ne cogneue.
Et vous vous gardez de parler; 1470
Et qui vouldra vers vous aler,
A l'uis si bonne garde ara
Qu'elle n'autre n'y entrera.
Se nous la pouons par ce tour
Mener que se mette au retour 1475
De raler s'en en son pais,
N'arons garde d'estre esbahis
   De riens qu'aviengne.
THIBERT
Belle ante, en grace Dieu vous tiengne !
Une femme estes de grant soing 1480
Et qui conseilliez au besoing
   Tressagement.
ALISTE
Vous dites voir, certainement,
   Mon ami doulx.
LA SERVE
Belle fille, or tost couchiez vous : 1485
Je sui qui bien vous gardera.
Thibert garde de l'uis sera :
   N'y scé miex mettre.
THIBERT
De tel office sui je maistre ;
   Bien le feray. 1490
ALISTE
Mére, et je cy me coucheray
   Conme une enferme.
LA SERVE
Pour ce que la chose conferme,

Ou le roy est vois sanz atente
1495 Plorant, et feray la dolente.
　　Tost revenray.

　　　Le messagier
Chiére dame, je vous diray :
Le roy Pepin si vous salue
Et si fait de vostre venue
1500 Si grant joie com faire peut.
Ains quart jour a vous estre veult,
　　Ou que soiez.
　　　Blancheflour
Seigneurs, d'aler vous avoiez.
J'ay de veoir Berthe desir.
1505 Faisons qu'annuit puissons jesir
　　A Saint Denis.
　　Premier chevalier de Hongrie
Ce n'est mie loing de Paris,
Chiére dame; par foy, bien dites.
N'y a que deux lieues petites,
1510 　　Ce me dit on.
　　Deuxiesme chevalier de Hongrie
Qui le vous a dit? ce n'a mon.
Assez de foiz la ay esté.
Plus n'y compton, par verité,
　　Que deux liuettes.
　　　Un vilain
1515 Ha! chiére dame, droit me faites!
De vostre fille a vous me plain :
N'avoie pour gangner du pain
A mes enfans et a ma fame
Q'un povre cheval, chiére dame,
1520 Que tolir m'a fait par ses gens ;
N'en riens son cuer n'est diligens
Que d'oster au conmun le sien.
Et vraiement je vous dy bien

Tant la maudiray soir et main
Que Dieu m'en vengera a plain ; 1525
 G'y ay fiance.
  BLANCHEFLOUR
Il me poise, amis, sanz doubtance,
S'elle fait ce que je t'oy dire ;
Et pour ce que d'elle maudire
Te gardes, entens que diray : 1530
Dix livres donner te feray.
Bailliez li dix livres, bailliez,
Ains que de cy vous en ailliez
 Ne moy aussy.
 PREMIER CHEVALIER DE HONGRIE
Voulentiers, dame; vez les cy. 1535
 Tenez, amis.
  LE VILAIN
Chiére dame, par vous remis
Suis en estat : Dieu le vous mire.
Jamais je ne la quier maudire.
 A Dieu, ma dame ! 1540
  BLANCHEFLOUR
A Dieu, amis, qui te gart l'ame !
Et ! mére Dieu, mére pucelle,
Dont vient ce que ma fille est tele
Que de tout son peuple est haie ?
J'en sui malement esbahie, 1545
Car avoir soloit renommée
D'estre de toutes gens amée
 Et beneite.

  ROY PEPIN
Qu'est ce la ? Qu'avez vous, Maliste ?
 Plorer vous voy. 1550
  LA SERVE
Mon chier seigneur, plorer bien doy.
Ma dame en son lit telement

Est malade que vraiement
Je doubte que jamais n'en liéve.
1555 Pour ce pleur, que forment me gréve
Sa maladie.

LE ROY

Par foy, je ne sçay que j'en die,
Mais forment en suis courrouciez.
Je vous pri, point ne la laissiez.
1560 Ralez vous ent sanz plus tarder
Et si pensez de lui garder,
Je vous en proy.

LA SERVE

Sire, a voz grez faire m'ottroy.
Triste m'en vois, dolente et mourne.

1565 Belle fille, a vous je retourne.
Au roy ay bien fait entendant
Que malade estes au lit tant
Qu'il ne pourroit estre sceu ;
Et si m'en a moult bien creu,
1570 Et m'en a renvoiée a vous.
Or vous reconfortez, cuer doulz,
Seurement.

ALISTE

Dame, je ne puis vraiement,
Tant ay paour.

LE MESSAGIER

1575 Dame, par le Dieu que j'aour,
Vezcy venir Pepin li roys.
A sa façon bien le congnoys
Et a sa chiére.

LE ROY PEPIN

Ma dame et m'amie treschiére,
1580 Bien puissez vous estre venue !
Sachez que de vostre venue
J'ay trop grant joie au cuer, par m'ame.

Que fait mon seigneur le roy, dame?
    Dites le moy.
        BLANCHEFLOUR
Biau filz, il faisoit bien, par foy,   1585
Quant le laissay, soiez en fiz.
Dites, ma fille et ses deux filz
    Conment le font?
        LE ROY
Bien. Vez les cy, dame, ou ilz sont
Venuz a l'encontre de vous.   1590
Or, avant, enfans, a genouz
Contre vostre belle ole alez.
Faites tost, et la saluez
    Courtoisement.
        RAINFROY
De le faire plus sagement   1595
Que je pourray ay cuer engrant.
Don bon jour, ma dame la grant.
    Conment vous est?
        HEUDRY
De lui mieux dire suis tout prest.
Ma dame, bon jour vous doint Dieux.   1600
Dy je voir? je croy que j'ay mieux
    Dit que mon frére.
        BLANCHEFLOUR
Sire, je vous pri de leur mére,
Ma fille, conment le fait elle?
Voulentiers en orray nouvelle,   1605
    Je vous promet.
        LE ROY
Dame, a verité dire, elle est
Malade au lit, dont moult m'ennoie,
Et si ne li vient que de joye
Qu'elle a, dame, de vous eu   1610
Quant vostre venue a sceu,
Mais je tieng qu'en bon point sera,

    Si tost conme elle vous verra,
    Si que, s'il vous plaist, vous venrez
1615 Jusqu'a son lit et la verrez.
    Et je tien et si ne doubt mie
    Qu'elle ne soit tantost garie
     S'elle vous voit.
      BLANCHEFLOUR
    Pour Dieu vous pri c'om m'y convoit;
1620 Car je vous dy certainement
    Le cuer pour lui trop malement
    Me deult, ne n'aray bien ne joie
    Jusques a tant que je la voie
     Enmy le vis.
      LE ROY
1625 Dame, soit a vostre devis.
    Tout en l'eure vous i menray.
    Alons : veoir la vous feray
     En brief termine.

      LA SERVE
    Ha! treschiére dame et royne,
1630 Honneur et leesse vous croisse.
    Mis nous avez en grant angoisse
     Certainement.
      BLANCHEFLOUR
    Pour quoy, Maliste, ne conment?
    C'est une parole couverte.
1635 Pour Dieu, dites moy que fait Berthe
     Tost sanz demeure.
      LA SERVE
    Dame, sachez dès ycelle heure
    C'om lui dist que veniez deça,
    Son cuer tellement s'esdreça
1640 En joie et prist si grant delit
    C'onques puis ne leva du lit,
    Ains a moult de divers propos

Un po est entrée en repos.
Si vous plaist, vous l'i laisserez,
Jusqu'a ja que vous revenrez, 1645
  Que dormy ait.
    BLANCHEFLOUR
Maliste, m'amie, il me plaist.
E ! Dieux, com j'ay le cuer dolent !
Certes, de rire n'ay talent.
Un petit en sus me trairay, 1650
Mais pour certain n'en partiray
Pour gaing qui m'aviengne ne perte
S'aray baisié ma fille Berthe
  Enmy la bouche.
    LE ROY
Dame, se le mal qui la touche 1655
Vous fait mal, si que le portez,
Pour Dieu que vous en deportez :
  N'ara que bien.
    BLANCHEFLOUR
Non, se Dieu plaist, ainsi le tien.
Sire, bien m'en deporteroye 1660
S'envers vous tant faire pouoie
Qu'il vous plust a moy l'un donner
De voz filz que puisse enmener
En Hongrie, quant m'en iray ;
Car ainsi l'enconvenançay 1665
A Floires mon seigneur le roy
Qu'un en menroye avecques moy,
Se je pouoie nullement.
Nous le garderons chiérement
Com nostre filz et nostre affin, 1670
Et si le ferons en la fin
  Roy de Hongrie.
    LE ROY
Ma dame, et je le vous ottrie,
Mais que bonne chiére faciez

Et que vostre cuer esleessiez
    Par amour, dame,
        BLANCHEFLOUR
Filz, je ne puis, si ait Dieux m'ame,
Ja soit ce que grant peine y mette.
Je vous pri, s'il ne vous dehaitte,
Que n'aiez de moy nul soussy
Et que partez trestouz de cy.
    Or faites brief.
        LE ROY
Riens que conmandez ne m'est grief.
Sus, partons de cy touz ensemble :
Puis que bon a ma dame semble,
    Nous en yrons.

        ALISTE
Mére, ne scé que nous ferons.
Le cuer me tremble de paour
Que cy ne viengne Blancheflour.
S'elle y vient, tost m'avisera,
Et honnir du corps me fera,
    Je n'en doubt mie.
        LA SERVE
Souffrez vous, ma fille et m'amie,
Et ne vous movez de ce point,
Que cy ne venra elle point
    Tant que g'y soye.
        ALISTE
Certainement je loeraie
Que nous nous appareillessions
Et que nous loing en foissions,
Et menons avec nous Thibert ;
Il est assez fort et appert ;
Il conduira nostre tresor
Qu'emporterons d'argent et d'or ;
S'alons en une estrange ville

Ou en Calabre ou en Sezille 1705
Ou en Chippre ou en Surie
Ou en la terre d'Ermenie;
  Voir, je le lo.
   La serve
Belle fille, souffrez vous. Ho!
De Blancheflour bien cheviray. 1710
Par mes paroles tant feray,
Se je puis, qu'elle s'en yra
Sanz ce que ja ne vous verra
  Enmy la face.

   Blancheflour
Qu'est ce cy? ne sçay conment face. 1715
Ne puis a ma fille parler,
Ne jusques a son lit aler.
Je vueil prendre le frain aus dens,
Et si me bouteray dedens,
Par la foy que doy saint Lembert. 1720
Laissiez m'aler, laissiez, Thibert,
  Veoir ma fille.
   Thibert
Dame, sachiez c'om l'assemille.
Pour Dieu, attendez un petit
Tant que soit couchée en son lit 1725
  Et ordenée.
   Blancheflour
Et dya! c'est a la symagrée.
Vueillez ou nom, g'y enterray
Tout maintenant, et la verray,
  Car il me plaist. 1730

   La serve
Pour Dieu, dame, sanz faire plait,
Vueillez vous un petit retraire.
Le parler lui est tant contraire

Conme merveille.
BLANCHEFLOUR

1735 Je saray s'elle dort ou veille,
Puis que je suis cy vraiement.
Et! qu'est ce la? Fille, conment
Vous sentez vous?

ALISTE

Feiblement, voir. Bien veignez vous,
1740 Ma tresdoulce et ma chiére mére.
Pour Dieu, que fait Floires mon pére?
Il me poise moult, ce scet Dieux,
Que festoier ne vous puis mieux
Ne conjoir.

BLANCHEFLOUR

1745 Fille, ne me puis esjoir
Qu'estes si de mal occupée
Et si ceste chambre estoupée
Qu'il n'est nul, tant bien vous sceust
Regarder, qui vous congneust.
1750 Que veult ce dire?

ALISTE

Dame, la clarté plus m'empire,
Ce dient les phisiciens,
Que ne feroit les anciens,
Et le parler m'est trop contraire.
1755 Plaise vous un petit retraire,
Dame: que Dieu honneur vous croisse
Tourner me fault, tant sanz d'angoisse
En ce costé.

BLANCHEFLOUR

Ostez, ostez! En verité
1760 Ce n'est pas cy ma fille Berthe
Qui me fait chiére si desperte;
Car se demie morte fust
Et si prés de lui me sceust,
Son mal point tant ne li pesast.

Que ne m'acolast et baisast. 1765
Mais en l'eure mieulx le saray :
Ces custodes toutes trairay
  Certes arriére.
LA SERVE
Et! pour Dieu, mercy, dame chiére!
De ce que faites avez tort. 1770
Vostre fille mettez a mort,
  Je vous dy bien.
BLANCHEFLOUR
Vielle, pour toy n'en feray rien :
Sueffre toy par male aventure.
Egar! voiz, ceste couverture 1775
Aray toute, qui qu'en soit liez.
E! Dieux, ce ne sont pas les piez
Cy de Berthe, bien les cognois ;
Plus grans estoient quatre dois.
Ha! bonnes gens, je suis trahie! 1780
Certes ne m'eschaperas mie,
Serve, desloial tricheresse.
Aussi que m'as mis a tristesse
  Je t'y mettray.
ALISTE
E! Dieux, bonnes gens, que feray? 1785
Ostez moy des mains ceste femme
Qui cy me fait si grant diffame
  Com peut sanz doubte.

LA DAMOISELLE
Mon chier seigneur, n'arrestez goute :
Venez la ou ma dame gist. 1790
Onques mais tel noise hom n'i fist
  Conme il y a.
ROY PEPIN
Non, dya? Suivez moy. Qu'est ce la?
Ma dame, qui vous a meffait?

1795 Monstrez le; j'en prendray de fait
Tantost l'amende.
BLANCHEFLOUR
Ha! roy Pepin, je vous demande
Pour Dieu que me dites nouvelle
De Berthe ma fille, la belle,
1800 Que vous envoyay de Hongrie
Pour estre en vostre compaignie
Par ordre et loy de mariage.
Pour Dieu, sire, faites m'en sage,
Ou certes je cuide enragier,
1805 S'autrement ne m'en puis vengier.
Celle qui en ce lit gisoit
Berthe ma fille pas n'estoit,
Ains est a la vielle Maliste
Fille, et est appellée Aliste.
1810 Serves sont, et Thibert avec :
Mon seigneur de son argent sec
Les acheta. Trahie m'ont.
Envoiez aval et amont,
Chier sire, et les faites haper,
1815 Si qu'ilz ne puissent eschaper.
Bien voy qu'ocis m'ont mon enfant
Dont le cuer de doleur me fent,
Quant n'est ycy.
LE ROY
Ha! treschiére dame, mercy.
1820 Pour Dieu, ne vous desconfortez,
Mais par vous soie confortez,
Car tel dueil ay ne say que die.
E! Berthe, ma tresdoulce amie,
Ce que vous enconvenançay
1825 N'ay pas fait quant vous espousay;
Mais ceulx qui cy vous ont trahie,
Foy que doy Dieu le fil Marie,
Si le comparront chiérement.

Vous deux alez appertement,
Cy endroit plus ne vous tenez : 1830
Maliste et Thibert m'amenez
Et sa fille aussi devant moy.
Chier comparront, foy qu'a Dieu doy,
  Leur mesprison.

Premier sergent
Chier sire, sanz arrestoison 1835
Le vous ferons, n'en doubtez point.

Vez les la ; c'est trop bien a point :
  Alons les prendre.

Deuxiesme sergent
Sa ! nous vous conmandons a rendre
Touz deux et que vous en vegniez 1840
Au roy. Cy point ne proloingniez ;
  Delivrez vous.

Thibert
Alons ; je voy bien, seigneurs douls,
Que le debatre riens n'y vault.
Aler, belle ante, nous y fault, 1845
  Vueillons ou non.

La serve
Thibert, je voy bien ce fait mon :
Alons y sanz plus arrester.
Ne nous y vault riens contrester,
  Puis que nous tiennent. 1850

Premier sergent d'armes
Mon chier seigneur, vezcy ou viennent
Devant vous Thibert et Maliste.
Tenez, nous alons querre Aliste,
  Con dit l'avez.

Le roy
Seigneurs, conseiller me devez 1855
  Que j'en feray.

PREMIER CHEVALIER FRANÇOIS

Mon chier seigneur, je vous diray.
Mon conseil est avant tout euvre
Que ceste femme nous descuevre
1860 Ou par amour ou par gehine
Conment de Berthe la royne
    Il est alé.

LE ROY

C'est sagement et bien parlé.
Avant, vielle, nel reniez :
1865 Il fault que le voir nous diez
Plainement sanz toy faire force ;
Ou s'il convient que l'en t'efforce,
L'en t'efforcera tellement
Que n'aras membre vraiement
1870   Qui ne s'en dueille.

LA SERVE

Franc roy, mercy. Vueille ou ne vueille,
Je voy bien que me fault voir dire.
Or entendez. A ce jour, sire,
Proprement que Berthe espousastes
1875 Et qu'en la chambre la laissastes,
Je li dis et fis mencion
Qu'aviez telle complexion
Qu'avecques femme ne gisiés
Que son corps n'en fut mesaisiés
1880 Jusqu'a la mort aucune fois,
Et que pour lui mettroie ainçois
Ma fille avecques vous jesir,
Mais que ce fust par son plaisir,
Que ce que la peine endurast
1885 Qui du corps ainsi la grevast,
Et que veoir trop miex amoie
La mort ma fille que la soie.
Adonc Berthe ne detria ;
De paour qu'elle ot me pria

Qu'en lieu d'elle avec vous jeust 1890
Ma fille et celle paine eust ;
Et je le fis en esperance
Que ma fille regnast en France
Et que Berthe en fust mise hors,
Pour c'entroduiz ma fille lors 1895
Qu'elle d'un costel se navrast
Et puis a Berthe le baillast :
Ainsi fist c'om l'oy introduite,
Par quoy Berthe a esté destruitte.
Sire, après quant on me nonça 1900
Que Blancheflour venoit deça,
En mon cuer un fait proposay
Que de vous gehir propos ay,
Et fu de vous empoisonner
Et elle, afin qu'achoisonner 1905
Moy ne ma fille on ne peust
De Berthe, et que on n'en sceust
   La verité.

Le roy

Vielle plaine d'iniquité,
Qui faire as volut d'une garce 1910
Royne, voir, tu seras arse.
Va, si la me met en prison ;
Trop vilaine est sa mesprison.
   Arse sera.

L'escuier

Je feray ce qu'il vous plaira, 1915
Sire. Sus, dame, c'est assez.
Touz voz bons jours si sont passez,
   A ce que voy.

Deuxiesme chevalier

Sire, je conseille, par foy,
Que mettons Thibert a raison 1920
Et que de ceste traison
   Le voir nous die.

Le roy Pepin
Sa, Thibert, ça, Dieu vous maudie!
Dy nous que de Berthe feis
1925 Et conment a mort la meis
Et en quel lieu.
Thibert
Mercy, franc roy, mercy, pour Dieu!
Elle ne fu pas a mort mise,
Si vous diray par quelle guyse :
1930 Quant en la forest du Mans fusmes
Et la mettre a mort la deusmes,
Je sachay pour lui le chief fendre ;
Mais Morant la me vint deffendre
Et jura, se je la feroie,
1935 Que le premier occis seroie,
Pour ce qu'il la vit doulce et belle
Et pour la pitié qu'il ot d'elle.
Les autres deux point ne s'esmurent,
Mais avec Morant d'accort furent,
1940 Et contre terre me jettérent,
Et lors Berthe aler en laissérent.
Après convint que leur jurasse
Que jamais de ce ne parlasse ;
Puis fumes d'acort, ce me semble,
1945 Qu'un cuer prendrions touz quatre ensemble
De pourcel, dont present ferions
A Maliste, et si lui dirions
Que ce seroit le cuer de Berthe.
Certes je vous ay descouverte
1950 Verité pure.
L'escuier
Maliste est, sire, en chartre dure,
Je vous promet.
Roy Pepin
Bien. Ce traistre aussi m y met
D'autre part. M'as tu entendu?

Traîné au gibet et pendu 1955
　　Sera demain.
　　　　L'escuier
Thibert, je met en vous la main.
Or sus, cy plus ne demourez;
Passez : en prison en venrez
　　Ou vous menray. 1960
　　　　Thibert
Pour Dieu, mon chier ami, g'iray
　　Ou vous plaira.
　　　　Roy Pepin
Ore vezcy qui nous dira
Chose qui ne me plaira mie.
Voir, je la hé conme ennemie 1965
　　A grant merveille.
　　　　Aliste
Franc roy, mercy! De moy vous vueille
Souvenir en misericorde,
Qui par pitié a vous m'acorde
　　Aucunement. 1970
　　　　Le roy Pepin
Je n'en feray riens vrayement :
　　Trop as mespris.
　　　　Premier chevalier
Sire, afin que de riens repris
Ne soiez, mais pour recouvrer
Honneur, pensez ycy d'ouvrer 1975
　　Par bon conseil.
　　　　Le roy Pepin
Seigneurs, ainsi faire le vueil.
　　Pour quoy le dites?
　　　　Premier chevalier
Vezcy pour quoy : estre en vueil quites.
Un roy se doit trop plus garder 1980
De pechier, a bien regarder,
Qu'une autre personne ne fait,
Soit en parler ou soit en fait ;

         Et ce point que j'ay cy touchié,
1985   Je l'entens de mortel pechié.
         Or vien j'a mon propos, chier sire.
         De ceste dame vous vueil dire :
         Puis qu'enfans d'elle eu avez,
         A mort mettre ne la devez,
1990   Mais la devez mettre a delivre,
         Et de biens aussi pour son vivre
         Et pour ses enfans gouverner
         Estes tenuz de lui donner,
             Et c'est de droit.
                  DEUXIESME CHEVALIER
1995   C'est voir, et si dy cy endroit
         Que jamais, ce devez savoir,
         Ne pouez compagnie avoir
         Avecques elle charnelment,
         Que vous ne pechez mortelment;
2000   Et les enfans qui en venront
         Bastars et avoultres seront,
             A brief parler.
                  LE ROY
         Seigneurs, je ne vueil point aler
         Contre raison par nul endroit.
2005   Puis qu'ainsi est que je n'ay droit
         De la faire a mort justicier
         Et qu'aussi me convient laissier
         Sa compagnie charnelment
         Se pecher ne vueil, vraiement
2010   G'y renonce pour touz jours mais,
         Qu'avec li ne gerray jamais
         N'elle avec moy, soit en certaine.
         Si com voulra si se demaine
             Et face bonne.
                  ALISTE
2015   Plaise vous a moy faire nonne,
         Ce vous requier, sire, pour Dieu,
         A Montmartre ; aussi est ce lieu

Fondé pour femmes.
PREMIER CHEVALIER
Il y a de moult vaillans dames
Et honnestes et charitables; 2020
Puis qu'elle les a agreables,
 Mettez l'i, sire.
LE ROY
Ne vueil pas que de moy empire;
Puis qu'elle a fin de nonnain estre,
Je n'y pense nul debat mettre, 2025
Mais a Montmartre la menez.
Dites a l'abbesse : « Tenez,
Dame, ceste femme qu'amain.
Le roy veult qu'elle soit nonnain
 De vostre eglise. » 2030
DEUXIESME CHEVALIER
Mon chier seigneur, tout en la guise
Que le me dites le feray :
Vostre message bien diray.
 Dame, alons y.
LE ROY
Ostez moy ces enfans de cy, 2035
Escuier; traiez les arriére,
Et si les menez la darriére,
 Que ne les voie.
L'ESCUIER
D'eulx vous vuideray tost la voie,
Sire; ne vous courroucez pas. 2040
Sus, enfans, venez ent bon pas
 Avecques moy.
HEUDRY
Voulentiers. Venez ent, Reinfroy,
 Aveques nous.
BLANCHEFLOUR
Hay! Berthe, mon enfant doulx, 2045
Vostre mort chiérement compére.

Que pourray dire a vostre pére,
Quant de vous me demandera?
Certes le cuer li partira
De dueil, quant li feray savoir
De ceste besongne le voir,
   Je n'en doubt mie.

ROY PEPIN

Ma treschiére dame et amie,
Se douleur avez, aussi ay je.
Dites moy, dites, que feray je?
J'ay matiére, vous le savez,
De faire dueil plus que n'avez,
Et clérement je le vous preuve :
Sanz compaigne demourray veuve,
Que jamais n'en puis point avoir,
Quant de Berthe ne scé le voir,
S'elle est morte ou s'elle est vivant ;
Ce m'iert moult grief d'or en avant,
Si faudra il que je m'en passe,
Vueille ou non, dont se dueil s'enlasse
En vous, ne soit oultre mesure.
Je sçay bien qu'il fault que nature
S'aquite, mais aiez cuer fort,
Car il n'est si biau reconfort
Con de son dueil laissier aler,
Puis c'on ne le peut amender,
   Vous le savez.

BLANCHEFLOUR

Je sçay bien que voir dit m'avez ;
Et puis qu'ainsi est, sire dous,
Je pren yci congié de vous.
Retourner m'en vueil en Hongrie ;
Ne m'est mestier que plus detrie.
Liée en party, mais je seray
Dolente quant g'y enterray.
   A Dieu, chier sire !

Le roy

Dame, je ne vous say que dire :
Vostre departie me griéve
Tant qu'avis m'est le cuer me créve
    Certainement.

Blancheflour

Il ne se peut faire autrement.
En plorant, sire, a Dieu vous dy !
Avant, seigneurs, partons d'icy :
    N'y vueil plus estre.

Deuxiesme chevalier

Alons. Que Dieu, le roy celestre,
Touz nous conduie a sauveté
Par son infinie bonté
    Et par sa grace.

Premier chevalier de Hongrie

Chier sire, a Dieu, qui lié vous face !
    Seigneurs, et vous !

Premier chevalier françois

A Dieu, ma dame ! a Dieu, trestouz
    Quanque vous estes !

Deuxiesme chevalier françois

Sire, se vous que sage faites
Et pour vostre dueil oublier,
Je vous conseil a marier
Le plus briefment que vous pourrez,
Et je tieng que grant sens ferez
    De l'ainsi faire.

Le roy

Sur quanque vous pouez meffaire
Gardez ne m'en tenez raison,
Et vezcy pour quelle achoison :
Deux femmes ay eu, c'est voir ;
De la premiére enfans avoir
Ne poy onques ; de la seconde
N'ay point eu joie en ce monde,

Car par traison l'ay perdue,
Dont j'ay la pensée esperdue
Et moult souvent triste et dolente,
Si qu'a plain ce n'est pas m'entente
Que j'aie plus femme jamais
Par nom de mariage; mais
Aprestez vous, je vous conmans;
Aler vueil au pais du Mans :
    Pieça n'y fui.

DEUXIESME CHEVALIER

Chier sire, sachez tout prest sui :
Y a recreant ne me verrez
D'aler partout ou vous irez
    Tresvoulentiers.

ROY PEPIN

Nous irons premier a Angers,
Car g'y ay bien a besoignier.
Sus, trestouz, sanz plus eslongnier,
    Paris laissons.

PREMIER SERGENT D'ARMES

Par cy, sire, nous adressons;
    Vezcy la voie.

PREMIER CHEVALIER

De le dire en pensé avoie.
    Avant : chemine.

BLANCHEFLOUR

Il ne fault pas que je devine :
Je voy bien qu'en Hongrie sommes.
Mon seigneur voy la et ses hommes,
Que ne vy mais puis grant saison.
Saluer le vois, c'est raison.
Mon chier seigneur, se le puis dire,
De courrous vous gart Dieux et d'ire
    Par son plaisir.

FLOIRES

Dame, j'avoie grant desir
De veoir ceste revenue. 2140
Conment vous estes vous tenue
  En France tant?

BLANCHEFLOUR

Ha! roy, n'avez mais nul enfant
  Qui soit en vie.

ROY FLOIRES

Ma chiére compaigne et amie, 2145
  Qu'est ce que dites?

BLANCHEFLOUR

Certes Berthe, sire, perdites,
Quant en France l'en envoiastes
Par les serves que li baillastes
Et Thibert en sa compagnie. 2150
Traye l'ont et engignie
  Trop faucement.

FLOIRES

Pour Dieu merci, dame, conment?
  Est Berthe morte?

BLANCHEFLOUR

Oïl voir, qui me desconforte 2155
Et me fait tant doleur au cuer
Que ne le puis dire a nul feur.
La vielle en a, sire, esté arse
Pour ce que sa fille la garse
En lieu de Berthe ou lit coucha 2160
Du roy le jour qu'il l'espousa;
Car telles choses li contérent
Du roy que si l'espoventérent
Qu'avecques lui n'osa jesir,
Mais d'Aliste fist son plaisir; 2165
Et puis a Berthe l'endemain
Bailla un coustel en sa main
Dont s'estoit jusqu'au sanc ferue;

　　　　　Lors fu pour murdriére tenue
2170　Berthe, qui coupe n'y avoit
　　　　　Ne de ce fait riens ne savoit.
　　　　　Lors fu a sergens delivrée
　　　　　Berthe pour estre a mort livrée,
　　　　　Desquelx fu le maistre Thibert;
2175　Si la menérent ou desert
　　　　　De la forest c'on dit du Maine.
　　　　　La se prist, c'est chose certaine,
　　　　　Premier a s'espée sachier
　　　　　Thibert pour li le chief tranchier;
2180　Mais les autres, quant il la virent,
　　　　　De pitié pas ne li souffrirent,
　　　　　Ains jettérent Thibert a terre,
　　　　　Et Berthe s'en foy bonne erre,
　　　　　Mais on ne scet qu'elle devint
2185　Ne conment depuis li avint.
　　　　　Et ce fait recognut Thibert
　　　　　Et la vielle aussi en appert,
　　　　　Et si dit que cette semille
　　　　　Compassa, afin que sa fille
2190　Demourast royne de France;
　　　　　Et conment est a congnoissance
　　　　　Ce fait venu, mon chier seigneur,
　　　　　Autre foiz a loisir greigneur
　　　　　　　　Vous conteray.
　　　　　　　　Roy Floires
2195　Dame, point ne demanderay
　　　　　Ou est Heudry que m'amenez.
　　　　　Puis qu'il n'est pas de Berthe nez,
　　　　　　　　Je n'en vueil point.
　　　　　　　　Blancheflour
　　　　　La mére est venue a ce point
2200　Qu'elle est devenue nonnain.
　　　　　Ne feussent les filz, pour certain
　　　　　Elle eust souffert mort si amére

C'on l'eust arse avec sa mére,
Je vous promet.
Floires
Ores, dame, puis qu'ainsi est, 2205
En plorant dy : loez soit Dieux !
Si me poise que je n'oy mieux,
Ne l'en desplaise.
Blancheflour
J'ay porté angoisse et mesaise
Assez, par la vierge Marie. 2210
Sire, ne la me croissez mie ;
Plourer vous voy.
Floires
Dame, seez vous delez moy.
Sachez je ne m'en puis tenir,
Tant ay Berthe en mon souvenir. 2215
Laissiez ester.

Le roy Pepin
Biaux seigneurs, veuillez m'escouter.
Cerchié avons assez le Maine :
Puis que d'Anjou sui ou domaine,
En la forest me vueil esbatre 2220
Un jour ou deux ou trois ou quatre
Et y chacier.
Premier chevalier
N'avons talent de vous laissier,
Sire ; dites nous : quant sera ce
Que vous conmancerez la chace 2225
En la bonne heure ?
Le roy
Alez vous monter sanz demeure,
Et m'amenez la un courcier ;
En l'eure nous irons lancier,
Se suis monté. 2230

Deuxiesme chevalier

Le courcier est tout apresté :
Venez monter.

Le roy

Alons : j'ay grant fain sanz doubter
D'avoir l'esbat.

Constance

2235   Sus, toutes trois, sus sanz debat.
Tandis que nous sommes sanz presse,
Alons men savoir s'orrons messe
Toutes ensemble.

Ysabel

Mére, bien dites, ce me semble.
2240   Ma suer et moy irons devant ;
Dame, et vous nous venrés suiant,
Si fera Berthe.

Constance

C'est voir ; la chappelle est ouverte ;
Entrons toutes quatre dedans.
2245   Or sa, a genouz ou adens
Cy nous mettons.

Aiglante

Ma suer, noz surcoz estandons
Cy devant nous.

Berthe

En cest anglet cy a genouz
2250   Seule veuil estre.

Le roy

Seigneurs, a chemin nous fault mettre,
Puis que dessus noz chevalx sommes.
Maintenez vous con gentilz hommes
En chevauchant.

Deuxiesme chevalier

2255 -   Corner vueil, sire, en lieu de chant.

Puis qu'a l'entrée du bois sui.
Je n'oy si grant joye meshuy
 Certainement.

  CONSTANCE
Mes filles, sus, venez vous ent ;
J'ay oy corner en ce bois,   2260
Que ne fis plus a de dix mois.
Je ne scé se ce sont veneurs
Ou se ce sont de gens robeurs.
 Partons de cy.
  YSABEL
C'est bien a faire, car aussi   2265
Ne sont il pas de nous moult loing ;
Si devons avoir plus grant soing
 De nous garder.
  AIGLANTAINE
Suivez moy, suivez sanz tarder ;
 G'iray bon pas.   2270

  LE ROY PEPIN
Avant, seigneurs, n'arrestons pas.
Un grant cerf voy la, ce me semble ;
Alons l'assaillir touz ensemble.
 Avant : cornez.
  PREMIER CHEVALIER
Il nous faulsist estre ordenez.   2275
Alons men nous deux par deça,
Tandis que le roy va par la
 Pour le chacier.
  DEUXIESME CHEVALIER
Alons, et pour nous adrescier
Encontre le cerf s'il s'enfuit ;   2280
Car de sa nature il est duit
 Trop bien du faire.

BERTHE

D'estre plus cy pourray meffaire,
Puis que s'en va ma compagnie.
2285 Egar! conment m'ont il laissie?
Mes heures ay clos, je m'en vois
Je n'y pense a venir du mois
    Sanz aucune ame.

LE ROY

Egar! ne voy homme ne femme
2290 Entour moy, dont j'ay grant ennuy
Qu'est ce cy? Esgaré me suy.
De chacier ay trop diligens
Esté, quant j'ay perdu mes gens.
J'ay trop coru après ma proye;
2295 Et fain de mengier si m'asproie
Et de boire. Se je sceusse
Quelle part trouver en peusse,
Voulentiers celle part alasse
Et le chacier un po laissasse;
2300 Mais ne sçay quel chemin tenir.
Une femme voy la venir:
A l'encontre de li yray,
Adresse li demanderay
De trouver ville quelque part.
2305 Damoiselle, se Dieu vous gart,
Enseignez moy par quel chemin
G'yray pour trouver pain ne vin
    Plus tost, m'amie.

BERTHE

Biau sire, Dieu vous beneie.
2310 Alez yci près: trouverez
Hostel ou bien venu serez
Et de vous servir diligens.
Certes, ce sont tresbonnes gens
    Courtois et doulz.

133 d

####### Roy Pepin
Bele, dites : ou alez vous? 2315
N'aiez nulle doubte de moy.
Maistre suis de l'ostel du roy.
J'ay tant après un cerf coru
Que ma compagnie ay perdu ;
Ne finay dès la matinée. 2320
Dites moy : et estes vous née
####### De ce pais?
####### Berthe
Oïl. Ne soiez esbais :
Ce fu, se Dieu plaist, de bonne eure.
Avec un mien oncle demeure, 2325
Simon, un moult riche bourgois,
Qui demeure icy en ce bois
####### Par verité.
####### Roy Pepin
Bele, faites ma voulenté :
Se voulez devenir m'amie, 2330
Sachez je ne vous faudray mie;
Ou pais vous menray de France,
Et si vous di bien sanz doubtance
Je vous y asserray grant rente,
Ne joiel qui vous atalente 2335
N'y verrez, pour quoy soit a vendre,
Que vous ne l'aiez sanz attendre
####### En vostre bail.
####### Berthe
Sire, tout ce ne prise un ail :
Ne m'en parlez plus, par vostre ame. 2340
Je ne suis mie telle femme;
####### Laissiez m'ester.
####### Roy Pepin
Belle, sanz vous espovanter,
Soiez m'amie, je vous pri,
Et sanz faire plus long detry 2345

Acolez moy.
BERTHE

Sire, deportez vous; bien voy
Que me faites trop demourer :
Mon oncle doit tantost disner
2350 Pour aler au Mans vers le roy.
Ne me faites point de desroy,
Pour Dieu mercy.
LE ROY

C'est nient; ne partirez de cy,
Doulce amie, sachiez de voir,
2355 S'aray de vous fait mon vouloir
Tout plainement.
BERTHE

Sire, je vous pri humblement
En plorant tendrement des yeux,
Pour si hault homme conme est Diex,
2360 Que ne me faciez tel oultrage
Que vous m'ostez mon pucelage.
Ains que vous me faciez annui,
Sire, vous diray qui je sui :
Le roy de Hongrie est mon pére,
2365 Blancheflour sa femme est ma mére,
Par droit sui royne de France;
Pepin m'espousa sanz doubtance
Une foiz, de voir vous enorte;
S'ameroie miex estre morte
2370 Que ce que me fust reprouvé
Qu'en moy fust tel meffait trouvé.
Pour ce de par Dieu vous deffens
Ne me faciez cy tel offens
Ne si honteux.
LE ROY

2375 Belle, or n'aiez le cuer doubteus,
Que plus ne vous en requerray,
Mais sauvement vous conduiray

A vostre hostel, et en alant
Yrons d'autre chose parlant,
Et me direz, s'il vous agrée, 2380
Conment de Pepin dessevrée
Fustes, quant il onques ne jut
Avecques vous, si conme il dut ;
Car vous m'avez raconté, belle,
Que vous estes encore pucelle : 2385
Conment peut c'estre ?

BERTHE

Vous vous pouez assez hors mettre
De savoir ceste chose, sire,
Et sy n'ay pas temps de le dire,
Qu'a l'ostel sommes, autant vault. 2390

Vezcy noz gens : taire nous fault
Jusques a piéce.

SIMON

Et dont venez vous, belle nyéce ?
Mis nous avez en grant tristesce.
J'amasse miex que des mors messe 2395
N'eussiez oie.

LE ROY

A toute ceste compagnie
Doint Dieu bon jour.

CONSTANCE

Sire, et il vous ottroit s'amour
Et gart d'annuy. 2400

LE ROY

Je vous fas savoir que je sui
Maistre d'ostel au roy Pepin,
Et si sui bien près son cousin.
Mais or laissons cecy aler.
Un po vueil, sire, a vous parler 2405
Secretement.

SIMON

Et je a vous, sire. Alons ment :
Traions nous ça.

LE ROY

Sire, celle pucelle la,
Qui est et gracieuse et belle,
Me dites le voir, qui est elle ?
Je vous en pri.

SIMON

Dame, venez ça sanz detri :
Bien y pouez.

CONSTANCE

Je vois, sire; que me voulez
Entre vous deux?

LE ROY

Ce que cy dirons soit conseulx.
Dites moy de celle pucelle
Qu'ay ramenée, qui est elle,
Se Dieu vous gart?

CONSTANCE

C'est une enfant de bonne part :
Nostre niepce est, en verité ;
Et sachez que pour sa bonté
Je l'ains autant conme ma fille.
En tout bien touz jours se semille.
Long temps a qu'avecques nous maint.
Mais de vous malement se plaint
Et dit, n'y vault riens le celer,
Que maugré sien depuceller
La vouliés en ce bois orains.
Mais, par saint Nycaise de Reins,
Se ne fust pour l'onneur du roy,
Chier comparessiez ce desroy
Et la paour qu'elle a eue;
Car je croy que dessoubz la nue
N'ait plus sainte femme de li.

Dieux est s'amour; Dieux est celi
    Qui est sa gloire.
        Le roy
S'elle m'a dit parole voire,
Certes bien serez eurée 2440
De ce que l'avez hostellée.
Elle m'a dit que sanz doubtance
Elle est la femme au roy de France.
Se c'est voir, ne le celez mie,
Car vous en pourriez villenie 2445
    Avoir et honte.
        Simon
Je vous diray, sire, a brief conte,
Puis que tant vous a divisé,
Ce dont je puis estre avisé.
Il a bien neuf ans et demy 2450
Que je m'aloie esbatre enmy
Ce bois, par une matinée.
La la trouvay toute esgarée,
Morant de fain, de froit tremblant,
Si que, selon le mien semblant, 2455
En celui jour morte jeust,
Qui eschaufée ne l'eust.
Et après, quant fu repassée,
Luy demanday dont estoit née :
Elle me respondi bonne erre 2460
D'Aussoy estoit, mais pour la guerre
Qui y estoit s'estoit partie.
Depuis l'avons, sire, norrie,
Et l'avons touz jours appellée
Nostre niepce, afin que doubtée 2465
De touz fust plus de li meffaire.
Tant vous di je de son affaire
Qu'en ce païs n'a, par ceste ame,
De lui nulle plus preude femme,
    Si com je croy. 2470

CONSTANCE

Sire, pour ce qu'estes au roy
Je vous voy ceens voulentiers,
Et si vous dy bien, sire chiers,
Que le cuer m'a moult esjoy
2475 De ce que j'ay de vous oy,
Ja soit ce que pas ne le croy,
Et pour c'en suis en grant effroy.
Si vous diray que vous ferez :
La derriére vous mucerez,
2480 Et nous deux cy l'appellerons
Et de cecy lui parlerons
 Ycy dehors.

LE ROY

Dame, c'est bien dit, je l'accors.
Pensez de la chose adressier
2485 Tantdis que je m'iray mucier
 Ileuc derriére.

CONSTANCE

Berthe, venez, m'amie chiére,
 Parler a nous.

BERTHE

Voulentiers, dame; que plaist vous?
2490 Egar! qu'est devenu celui
Qui orains me fist tant d'annuy
 Quant revenoie?

SIMON

Belle niéce, il s'en va sa voie.
Mais nouvelles nous a conté
2495 Dont j'ay grant joie en verité :
Il dit qu'a Pepin estes femme;
Et je me merveil moult, par m'ame,
Que le m'avez si longuement
Celé, que trop plus richement
2500 Et plus noble estat eussiez
Et plus honorée feussiez

Qu'esté n'avez
Berthe
Certes, doulx Dieu, savoir devez
S'ainsi feust que royne feusse
Que pieça dit le vous eusse ; 2505
Mais ainsi li ay fait entendre
Pour ytant qu'autrement deffendre
Ne me savoie de lui lors,
Et certes je croy que du corps
M'eust vergondé et honny, 2510
Quant ceste mençonge lui dy :
Je ne sçay qui m'y avoia
Fors que Dieu, qui la m'envoia.
Voir est que j'avoie, chier sire,
De Berthe pieça oy dire 2515
Conment perdue sanz raison
Avoit esté par trayson,
Si m'en souvint.
Constance
Belle niepce, bien vous en vint.
Alez faire aprester diner : 2520
Maishuit est temps de desjuner.
Tantost iray.
Berthe
Dame, voulentiers le feray.
Venez si tost qu'il vous plaira :
Vous trouverez que tout sera 2525
Prest pour seoir.
Simon
Sire, or pouez vous bien veoir
Que contraire est du tout son dit
A ce que vous nous aviez dit.
N'en scé que dire. 2530
Constance
Sanz doubte non fas je moy, sire,
Fors tant que trop fole seroit

Se c'estoit elle et le celoit,
    Et trop desvée.

LE ROY

2535 Ore, puis qu'elle le devée,
    Je m'en iray.

SIMON

Sire, je vous convoieray.
Ou chemin vous mettray du Mans
Com cil qui du tout voz conmans
2540   Sui prest de faire.

LE ROY

A Dieu, ma dame debonnaire !
Vous soufferrez qu'il me convoie,
Qu'aussi ne say pas bien la voye
    De cy au Mans.

CONSTANCE

2545 A Dieu, chier sire, vous conmans.
Il me plaist bien qu'avec vous voise :
Par lui serez sanz plait ne noise
    Bien adressiez.

LE ROY

Symon, vous ne me congnoissez :
2550 Je suis Pepin, le roy de France,
Quoy que de nul n'aye acointance
    Cy que de vous.

SIMON

Mercy, pour Dieu, mon seigneur doulz.
E! las, pour quoy ne le savoie,
2555 Quant en mon hostel vous tenoie?
Voir je vous eusse autrement
Honnoré et plus grandement
    Que je n'ay fait.

LE ROY

Il m'a souffit ce qu'avez fait,
2560 Mais ne puis mettre en obliance

Berthe, que j'ay par mescheance
Adirée si longuement ;
Si me dit le cuer vraiement
C'est celle que niéce appellez :
Gardez ce que je dy celez ; 2565
Ne soit dit a personne née
Se n'est Constance la senée.
Mais j'ay trop grant melencolie
De ce qu'ele ainsi le me nie
Appertement. 2570

Simon

Sire, je doubte vraiement
Que ce ne soit elle, au voir dire.
Mais quoy ? quant je la trouvay, sire,
Dedens le bois toute engelée,
Toute lasse et toute affamée, 2575
Espoir qu'avoit voué a Dieu
Que jamais ne venroit en lieu
Ou elle deist que fust Berthe :
Pour c', espoir, se tient si couverte ;
Si vous dy bien, se voé l'a, 2580
Qu'a son pouoir le celera
Toute sa vie.

Le roy

Vecy de mes gens compagnie.
Ralez vous ent, Simon, arriére,
Et tant com m'amour avez chiére 2585
Je vous pri que Berthe honnorez,
Et je vous promet qu'en arez
Bon guerredon.

Simon

Sire, ne vous en doubtez, non :
Tant en feray au paraler 2590
Qu'en la fin en orrez parler.
A Dieu, chier sire !

Premier chevalier

Sire, courrociez et plains d'ire
Entre nous forment estions
De ce que perdu vous avions
　　En ce boucage.

Le roy

Se ne fust ce preudomme sage
Qui m'a ramené jusques cy,
Je m'estoie esgaré aussi.
Alons men; avis m'est, par m'ame,
Qu'il a une tresvaillant femme;
　　Ainsi le tieng.

Simon

Ore Dieux y soit; je revieng.
Voulez vous oir voir, Constance?
Je vous dy que le roy de France
　　A cy esté.

Constance

Symon, dites vous verité?
Est il ce qui de cy s'en va,
Qui Berthe seule orains trouva
　　Enmy le boys?

Simon

Oil, dame, par sainte croys.
On ne li peut son cuer oster
Que Berte ne soit sanz doubter
Celle q'une foiz espousa.
Combien qu'orains la golosa,
Il la m'a conmandé garder
Chiérement et plus honnorer
　　C'onques ne fu.

Constance

E! loés soit le roy Jhesu,
Quant sommes de telle puissance
Qu'avons la royne de France

                    Tant hostellée.
                        SIMON
Pour Dieu, que soit chose celée,
        Ma doulce amie.
                    CONSTANCE
Si sera il, ne doubtez mie,   2625
        Simon, moult bien.

            LE ROY
Entens moy, Godefroy, ça vien :
Je vueil que voises en Hongrie.
Garde que riens ne te detrie
Jusques a tant que la seras.   2630
Ceste lettre m'y porteras :
Au roy de par moy la presente,
Et lui prie que sanz attente
Il face ce que cy li mande.
Mais tout avant me reconmande   2635
Assez a lui et a sa femme
Blancheflour, ma treschiére dame.
Au revenir je te donrray
Tant que riche homme te feray
        Pour touz jours mais.   2640
            L'ESCUIER
Sire, a Dieu ! ne fineray mais,
Puis que c'est vostre voulenté,
Tant que li aie presenté.

Le cheminer point ne ressongne :
Par cy m'en voys droit en Bourgongne   2645
Et puis parmy le Dalphiné,
Puis que santé m'a Diex donné ;
Et pour mon droit chemin tenir
Me convient a Milan venir
Et de Milan droit a Venise ;   2650
Celle voie ay je bien aprise,

Pour ce qu'autre foiz je l'ay fait;
Mais pour estre plus fort de fait,
Je vueil cy prendre un piquotin
2655 Non pas d'avoine, mais de vin,
Et si prendray un mors de pain
Et de char que porte en mon sain.
C'est fait. Or fault que m'appareille
De boire a mesme ma boutaille.
2660 Par saint Josse, vezcy bon vin.
Remettre me vueil au chemin,
Puis que j'ay beu et mangié :
D'estre lassé me suis vengié ;
N'est mais travail qui me maistrie.
2665 Floire voy la, roy de Hongrie,
Et la royne Blancheflour.
Saluer les vois sanz demour.

Mon chier seigneur, ma dame et vous,
Celui Dieu qui nous a fais tous
2670   Honneur vous croisse.
  Roy Floires
Amis, afin que te congnoisse,
Qui es tu ne de quelle terre,
Ne que viens tu cy endroit querre?
  Dy le me brief.
  L'escuier
2675 Sire, je vous apport ce brief
Ou est escript ce que demande.
Mais tout avant salut vous mande
A touz deux le bon roy Pepin
Et vous supplie de cuer fin
2680 Que pour l'amour de Jhesu Crist
Ce qui est cy dedans escript
  Tantost faciez.
  Roy Floires
Je vous conmans que vous dressiez :

Bien vegniez en nostre recet.
Je verray voulentiers que c'est. 2685
Dame, sachiez, vezcy nouvelles,
Dieu mercy, et bonnes et belles.
Escoutez que dit ceste lettre :
« Je, Pepin, me volz entremettre
De chacier, sire, ce vous mans, 2690
N'a pas gramment, es bois du Mans.
Après un cerf tant m'elessay
Que mes gens perdy et laissay.
Ainsi conme tout seul estoie,
Vint la par une estroite voie 2695
Une gracieuse pucelle
Qui s'en venoit d'une chappelle.
Quant fu près de moy lui enquis
Dont elle estoit, puis lui requis
Que compagnie a elle eusse ; 2700
Mais pour riens que dire sceusse
Ne se voult a moy assentir ;
Dont je, pour la faire matir,
La voulz de fait lors efforcier.
Lors la vi forment courroucier, 2705
Et en plourant me prist a dire :
« Gardez bien que vous ferez, sire ;
« Ne me faites pas tel desroy.
« Femme suis a Pepin li roy,
« Puis qu'il convient que je le die, 2710
« Et fille au bon roy de Hongrie. »
Quant je ces paroles oy,
Sachez le cuer m'esvanoy.
D'elle a tant prier me cessay,
Mais en un hostel la laissay 2715
En garde avecques bonnes gens.
Si vous pri pour Dieu diligens
Vueillez estre, au mains l'un de vous,
De venir en France vers nous

Pour lui certainement congnoistre
Et pour moy hors de doute mettre
Se c'est ma femme. »

BLANCHEFLOUR

E! mére Dieu, tresdoulce dame,
Quant nouvelle oy de mon enfant,
Avis m'est que le cuer me fent
Tant de joie com de pitié.
Congié, sire, par amistié
Me vueillez donner, et g'iray,
Et vraiement je ne gerray
Q'une nuit en quelconque ville
Tant que j'aie veu ma fille.
Le cuer si me dit que c'est elle,
Puis que parole lui dit tele
C'on nous escript.

ROY FLOIRES

Dame, se m'aist Jhesu Crist,
Je suis qui avec vous yray
Et tout maintenant moveray.
Seigneurs, cy plus ne vous tenez;
Se m'amez, avec moy venez.
Que dites vous?

PREMIER CHEVALIER DE HONGRIE

Tresvoulentiers, mon seigneur dous,   *136 d*
Quanque nous sommes.

DEUXIESME CHEVALIER DE HONGRIE

Voire, et fussions tel troys? cens d'ommes,
Si irons nous.

ROY FLOIRES

Or venez donc après moy touz.
Vous deux, massiers, irez devant
Et nous ferez voie. Or avant :
Pensez de vous a chemin mettre.
Et vous, mon chier ami et maistre,
Je lo q'un po vous avanssiez

Et qu'au roy Pepin dire ailliez
   Que nous venons.
      L'ESCUIER
Sire, voulentiers le ferons.
Je vois devant, ne vous desplaise.
Venez vous ent tout a vostre aise. 2755
A Dieu, ma dame! a Dieu, chier sire!

Mon chier seigneur, je vous vien dire
Ne vient pas seul Floire le gent,
Ains amaine foison de gent
Qui sont d'estat et de valour, 2760
Et si amaine Blancheflour
   Aussi sa femme.
      LE ROY
Et sont il guères loin, par t'ame,
   Ou liue ou deux?
      L'ESCUIER
Se voulez aler encontre eulz, 2765
Ja si tost aus champs ne serez,
Sire, que vous les trouverez
   Eulz et leur route.
      LE ROY
Je vueil aler contre eulx sanz doubte.
Or sus, sanz nous cy plus tenir. 2770
Egardez! La les voy venir:
Laissiez m'aler devant bonne erre.

Dieu vous doint ce que venez querre,
Mon chier seigneur, trouver briefment,
Et a vous, ma dame, ensement. 2775
Conment vous est il a touz deux?
Dame, pour Dieu, laissiez voz deux:
Ne le faut point reconmancier,
Mais pensez de vous esleessier
   A ceste voie. 2780

Roy Floires
Certes, c'est le miex que g'y voie.
Conment vous est, Pepin biau filz?
Grant amour, de ce soiez fiz,
 Cy nous amaine.
Roy Pepin
2785 Puis que vous tien en mon demaine,
Jamais de moy ne partirez
Tant que bien festoié serez,
 Ne vous, ma dame.
Blancheflour
Biau filz, je vous jur, par mon ame,
2790 Je ne buray ne mengeray
Tant que celle veu aray
Qui Berthe est, si conme il vous semble.
Menez nous y trestouz ensemble
 Tresmaintenant.
Simon
2795 Je vous avoie convenant
De venir a vous hui, chier sire.
Ce qui vous plaira a moy dire
 De cuer orray.
Le roy
Symon, a toy tost parleray.
2800 Mon seigneur, n'aiez pas mal gré
S'a li parle un po en secré.
Simon, or voy, c'est chose apperte :
Cy endroit est le pére Berte
Et sa mére aussi Blancheflour.
2805 Amis, sachez que grant honnour
Te peut estre de leur venue,
Se c'est leur fille qu'as tenue
 En ton hostel.
Simon
L'en en a dit puis d'un puis d'el ;
2810 Mais je tien, sire, vraiement

Que c'est elle, et vezcy conment :
Quant l'en parle, couleur li mue,

137 b Ne respont mot, ains devient mue
  Et esbahie.

  LE ROY

Nous le sarons, n'en doubtez mie, 2815
Amis, a petit d'achoison.
Alons men sanz arrestoison
Ou elle est ensemble trestouz.
Alez devant : conduisez nous,
  Simon amis. 2820

  SIMON

Vez me la, sire, a voie mis,
Puis que c'est vostre voulenté.

Dites moy, dites verité,
Constance : ou est Berthe, m'amie ?
Gardez bien ne la celez mie. 2825
Vezcy venir, c'est chose voire,
Le roy de France et le roy Floire
Et la royne Blancheflour.
Faites la venir sanz demour
  Si qu'il la voient. 2830

  CONSTANCE

Je tieng qu'elle et noz filles soient
La derriére ou el font besongne.
Appeller la vois sanz eslongne.
  Sa, Berthe, sa !

  BERTHE

Que vous plaist, dame ? Je vois la. 2835
Ma treschiére dame, ma mére,
Pour moy avez douleur amére
Souffert grant piéce, bien le voy.
A voz piez cheoir je me doy
  Et les baisier. 2840

FLOIRES

Or sus, sus! pour nous apaisier
Et pour acomplir mon desir,
Fille, vostre corps vueil saisir :
 Acolez moy.

BERTHE

2845 Treschier pére, faire le doy
 Quant vous agrée.

BLANCHEFLOUR

Sire, assez l'avez acolée :
Or m'en laissez aussy joir.
Mon cuer, ma joie, mon desir,
2850 M'amour, ma chiére fille Berthe,
De joie suis toute couverte
Pour toy, nul ne m'en doit blamer,
Mais de pitié m'as fait pasmer.
 Qu'en puis je mais?

LE ROY

2855 Hé! Berthe, qui cuidast jamais
Que si longuement hostellée
Vous fussiez cy ne tant celée,
Sanz descouvrir vostre courage,
Sanz dire a nul vostre lignage
2860 Ne que fussiez royne aussy?
Ore, puis que il est ainsi
Que je vous voy, loez soit Dieux!
Larmoier me faites des yex
De pitié et de joie ensemble.
2865 Roy Pepin sui. Nous touz ensemble
A grant joie au Mans vous manrons.
La pour vous grant feste y ferons
 Huit jours entiers.

BERTHE

Chier sire, g'iray voulentiers
2870 Conme vostre, quelle que soie.
Mais je ne vous recongnoissoie,

Si ait Dieux m'ame.
Le roy
Non fesoie je vous l'autrier, dame,
Quant toute seule vous trouvay
En ce bois. Avant sanz delay ! 2875
Alez me tost faire venir,
Sanz vous cy endroit plus tenir,
Mes menesterelz qui joueront
Devant nous et si nous menront,
Faisant mestier, jusques au Mans. 2880
Faites tost ce que vous conmans,
Ou toy ou toy.
Premier sergent
Ne vous mouvez, non ; g'iray moy
Et si revenray ens en l'eure.
Je n'ay pas fait trop grant demeure. 2885
Vez les cy, sire.
Roy Pepin
Or entendez que je vueil dire :
Juques au Mans nous convoirez
Faisans mestier mieux que sarez,
Pour nous touz rebaudir en joye, 2890
Quant Berthe que perdu avoie
Retrouvée ay.
Les menesterelz
Nous le vous ferons sans delay,
Sire, ainsi que le conmandez,
Avant, seigneurs, plus n'atendez ! 2895
Jouons ensemble.

Explicit le miracle de Berte.

Serventois.

Pour touz amans mettre en joie a durer
   Assist Amours sept fleurs par courtoisie
   En un jardin glorieux, ou enter
Voult sains Espirs un saint arbre de vie
Que je treuve en Daniel figuré,
Par qui j'entens de Crist l'umanité;
Fontaine avoit dont l'arbre prist croissance
Ou jardin clos de sept tours par plaisance,
Que nommer peut qui cantiques entent
La vierge en qui descendy la substance
Qui est sans fin et sans conmancement.

Ainsi Amours, pour touz cuers doctriner,
Mist ces sept flours de vertuz en Marie,
Par lesquelles le filz Dieu voult entrer
En ses sains flans sanz charnel compagnie,
C'est assavoir par vraie humilité,
Atrempance, prudence et equité,
Parfaite foy, de touz biens esperance,
Et charité par qui Dieu prist naiscence,
Qui fu norry du saint lait excellent
Qui du jardin issi en habondance.
Loée en soit Amours parfaitement!

Dont doit amant qui est espris d'amer
Servir Amour, c'est Dieu, qui par hachie
Fist le saint sanc de son doulx fil couler
En sept ruyssiaux pour humaine lignie.
Par piez, par mains, par chief, vis et costé
Senti la mort; lors fu l'arbre coupé

Dont la terre trembla de grant pesance
Et le soleil noircy de desplaisance;
Mais le jardin benoist et pacient
Demoura fort des sept tours sanz doubtance
Par bonne amour qui tout peut et comprent. 33

S'est eureux cil qui bien scet penser
Que quant Dieu voult par sa grant seignourie
Des saintes tours son saint jardin fermer
Premiére y mist sapience s'amie,
Entendement, conseil, force, pitié
Et science; tant fu beneuré
Qu'il y assist cremeur de sa puissance,
Dont puis li fist pour sa grant souffisance
En ame et corps de coronne present
Sur les sains cieulx qu'il fist par ordenance,
Pour touz amans qui aiment loyaument. 44

Dame plaisant que je doy honnorer,
Servir, loer de toute m'estudie,
L'en vous doit bien jardin d'amours nommer,
Ou vint la flour dont parla Ysaye,
Clos virginal, qui par divin secré
L'arbre rendy de quoy nous sont donné
Sept sacremens de salut par creance;
Et pour ces biens, royne de vaillance,
Fontaine dont toute grace descent,
J'ay après Dieu en vous ferme fiance
D'avoir mercy par grace entiérement. 55

Prince gentilz, servons sanz demourance
Ce saint jardin de qui tout bien despent,
Et nous aurons au grant jour de vangence
Des biens d'Amours tresplantureusement. 59

Autre serventois.

GRANS deduiz est de bien oir parler *138 b*
De la vierge Marie glorieuse ;
Car on la peut par figure nommer
Lune luisant, estoille precieuse,
Aube de jour, temple, porte eureuse,
Puis savoureux, fontaine saine et pure,
Arche, vergier, printemps plain de verdure,
Rose souef et fleur de lis fleurie ;
Mais sur touz nons fu et est proffitans
Mére de Dieu, de grace raemplie,
Pour vivre en paix, amies et amans.

Pour les amans, c'est ligier a prouver,
Enluminer en la nuit tenebreuse
Est lune plaine, et pour eulx droit mener
Par ceste mer mondaine perilleuse
Estoille cléres, et aube gracieuse
Du vray soleil qui n'a fin ne mesure
Pour eulx donner jour qui tout temps leur dure,
Temple pour eulx garder, porte de vie
Par ou voisent manoir sanz nombre d'ans
En gloire, paix, joye, honneur, courtoisie,
Et quanqu'il fault aux amoureux servans.

Touz ces biens cy peut en amour trouver
Qui aime et craint ceste vierge joieuse :
Car faite est puis benoist pour abuvrer
Touz ses subgiz d'yaue delicieuse,
Pour eulz laver fontaine trespiteuse,
Arche eulx portans en la tempeste obscure,

Vergier en qui prise est leur norreture,
Printemps qui tout le froit d'eulx amolie,
Rose pour eulx avecques lis rendans
Doulces odeurs, dont qui de cuer la prie,
Les biens d'Amours est par grace sentans. 33

Si que j'en doy et vueil Amour loer,
Qui l'ordena si digne et vertueuse
Que concevoir, porter et enfanter
Pot no sauveur sanz euvre vicieuse,
Pour qui depuis elle ot peine angoisseuse,
Quant en la croiz le vit souffrit morsure
Et de son sanc paier la forfaiture
Du fruit veé ; mais or est convertie
Celle grief paine en repos, car regnans
Siet a sa destre et vit tant essaucie
Que sa vie est joie a touz les vivans. 44

Fleur de biauté, on ne pourroit nombrer
Les loenges qu'en la court plantureuse
De paradis on vous dit sanz cesser ;
Et dont doit bien la menie amoureuse
Estre sa jus de vous louer soingneuse,
Quant touz les jours de saintisme pasture
La recrée vostre doulce portéure.
Or vueillés estre a li si nostre amie
Qu'en la fin soit belle, bonne, plaisans,
Moustrée a nous vostre humble face lie,
Enluminée et vraie enluminans. 55

Prince excellent, la noble seigneurie
De ceste dame a fait les sers si frans
Qu'es cieulx peuent estre en sa compagnie.
Loée en soit la trinité puissans ! 59

Amen.

XXXII

MIRACLE

DU

ROY THIERRY

PERSONNAGES

Osanne
Roy Thierry
La mère du roy
Bethis, damoiselle
Renier, charbonnier
La charbonnière
Nostre Dame
Dieu
Saint Jehan
Le premier ange
Michel, deuxiesme ange
Alixandre
Rainfroy
Gobin
Le premier chevalier
Deuxiesme chevalier
L'ostellier de Jerusalem
Dame Sebille, ostellière
Le premier fil
Renier, deuxiesme fil
Troisiesme fil
Grossart, premier sergent d'armes
Lubin, premier veneur
Rigaut, deuxiesme sergent
Deuxiesme veneur
Le messagier
Pille Avaine
Pierre le page, tabellion
Le valet estrange

Cy conmence un miracle de Nostre Dame du roy Thierry, a qui sa mére fist entendant que Osanne, sa femme, avoit eu trois chiens, et elle avoit eu trois filz, dont il la condampna a mort, et ceulx qui la dorent pugnir la mirent en mer; et depuis trouva le roy ses enfans et sa femme.

OSANNE

Mon treschier seigneur, s'il vous plaist,
Ne vous puis longues tenir plait;
Plaise vous un po espartir
A vous de ci endroit partir
Et aler en autres parties, 5
Car je doubt bien que deux parties
De mon corps faire ne me saille.
Ha! Diex, vraiement je travaille
D'enfant, chier sire.

ROY THIERRY

Dame, je ne vous sçay que dire : 10
Je m'en vois sanz plus de demeure.
La mére Dieu vous doint bonne heure!
Mére, tenez vous avec elle
Et vous et vostre damoiselle :
Compagnie li convient il 15
Pour garder son corps de peril,
Vous le savez.

LA MÉRE AU ROY

Biau filz, verité dit avez :
On compaingne bien mendre dame ;
20 Mais ne nous envoiez plus ame,
Par amour, pour estre avec elle : *139 b*
Entre moy et ma damoiselle
  Serons assez.

LE ROY

Mére, s'a tant vous en passez,
25 Ne vous envoieray plus ame ;
Mais conment pourray savoir, dame,
Quel enfant elle ara eu ?
Quant sera né, or soit veu,
  Je vous en pri.

LA MÉRE AU ROY

30 Je mesmes avant, sanz detri,
Biau filz, en seray messagiére.
Alez et faites bonne chiére.
Dame, or sa ! conment vous sentez ?
Ce dos, ces reins ne ces costez
35   Vous deulent il ?

OSANNE

S'il me deulent ? certes oïl ;
Et y sens tant mal et angoisse
Qu'il n'est fors Dieu qui la congnoisse.
E ! mére Dieu, secourez moy !
40 Diex, les reins ! Dieu ! je muir, ce croy,
Tant sens de peine et de labite.
Ha ! dame sainte Marguerite,
Et vous, glorieux saint Jehan,
En ceste peine et cest ahan
45   Me secourez.

LA MÉRE

Dame, en voz grans maulx labourez,
S'en estes malade plus fort.
Prenez en vous bon cuer et fort,

   Puis qu'a ce vient.
    LA DAMOISELLE
Treschiére dame, il l'esconvient   50
Qu'un petit encore endurez.
L'eure garde ne vous donrez
Que Dieu si grant bien vous fera
Qu'a joie vous delivrera,
   J'en sui certaine.   55
    OSANNE

139 c Certes, je seuffre tant de peine
Que vie humaine en moy deffault
Et que la parole me fault ;
   Je me muir, voir.
    LA MÉRE DU ROY
Ore, Bethis, je vueil savoir   60
Maintenant se tant m'amerez
Qu'une chose pour moy ferez
   Que vous diray.
    LA DAMOISELLE
Quoy, dame? dites : je feray
Quanque vous me conmanderez,   65
Si que je croy gré m'en sarez,
   Se le puis faire.
    LA MÉRE DU ROY
Ceste femme ne me peut plaire;
Ne me plut onc en mon aé,
Ja soit qu'ait mon filz espousé.   70
Ne scé se ce fu de par Dieu,
Car n'est pas venue du lieu
Que deust estre sa compaigne ;
S'en ay au cuer dueil et engaigne,
Et ce n'est mie de merveilles.   75
Je vueil que tantost t'apareilles,
Tantdis conme elle est en ce point,
Qu'elle n'ot ne ne parle point,
Que ces enfans ici me portes

       Au bois, et la ne te deportes
       D'eulx touz les gorges si serrer
       Et après de les enterrer,
       Si que jamais n'en soit nouvelle.
       Au revenir je seray celle
          Qui te pense a donner, par m'ame,
       Tant que te feray riche femme
             Pour touz jours mais.
           LA DAMOISELLE
       Vostre vueil feray, dame ; mais,
       Pour Dieu mercy, qu'il soit secré,
       Et aussi que m'en sachiez gré
           Ça en arriére.
            LA MÉRE
       N'en doubte pas, m'amie chiére ;
       Si seray je, je te promet.
       Or avant ! a voie te met
           Appertement.
          LA DAMOISELLE
       Je m'en vois delivrer briefment ;
           Tost revenray.
          LA MÉRE AU ROY
       Puis qu'elle s'en va, querre iray
       Trois des chiens qu'a eu ma chienne,
       Dont mourir a honte prouchaine,
       Se je ne fail, feray ma bruz :
       Mon filz a trop esté ses druz ;
       Par dyable l'ait il tant amée !
       Egar ! encore gist pasmée
       Com la laissay : c'est bien a point.
       Ne la quier mouvoir de ce point
          Ne li riens dire.

          LA DAMOISELLE
       Or ça ! il fault que je m'atire
       A ces enfans executer,

Et puis les en terre bouter; 110
En ce bois suis assez parfont.
Egar! ces enfans ci me font
Feste et me rient par accort.
Et conment les mettray j' a mort,
Quant me rient si doulcement? 115
Je n'en feray riens, vraiement,
Quant me font signe d'amistié.
Doulx enfans, plourer de pitié
Me faites. De vous que feray?
A mort pas ne vous metteray, 120
Car je tien, se vous y mettoye,
Pire que murtriére seroye;
Et s'a l'ostel je vous reporte,
Du corps seray honnie et morte;
Siques ne je ne vous feray 125
Mal, ne ne vous reporteray;
Mais de feuchiére et d'erbe vert
Serez ici par moy couvert :
Je n'i scé miex ore trouver.
C'est fait : Dieu vous vueille sauver! 130
Je vous lais et si m'en iray;
A ma dame entendre feray,
Afin de plus s'amour acquerre,
Qu'ocis les ay et mis en terre.

  Sa! je revien. 135
   La mére du roy
Bethis, conment va?
   La damoiselle
    Conment? bien.
J'ay fait ce qu'onques ne fist femme,
Pour vostre amour. Qu'est ce? ma dame
Ne mut elle puis de ce point,
Dites, ne ne parle elle point? 140
  Ne scé se m'ot.

LA MÉRE DU ROY

Bethis, elle ne dist hui mot.
En tel estat trouvée l'as
Conme estoit quant tu t'en alas :
 Dont me merveil.

OSANNE

Pour Dieu! monstrez moy, veoir vueil,
Le fruit qui de mon corps est né ;
Puis que Dieu m'a enfant donné,
 Que je le voie.

LA MÉRE DU ROY

C'est bien raison c'on le vous doie
Monstrer. Tenez, pour Dieu merci !
Dame, regardez : vez le ci.
En devons nous bien faire feste
Et joie avoir ? Par ceste teste,
Se j'estoie conme du roy,
Mourir vous feroye a desroy
Tel que seriés arse en un feu ;
Et je promet a Dieu et veu
Que ci n'ailleurs n'arresteroy
Tant que monstré je li aray
 Vostre portée.

OSANNE

E ! mére Dieu, vierge honnourée,
Secourez moi : je sui trahie !
Bien voi c'on a sur moy envie,
Et ne scé pour quelle achoison
On m'a fait ceste traison ;
Car, certes, ce ne pourroit estre
Qu'homme peust en femme mettre
N'engendrer autre creature
Que telle q'umaine nature
A ordené ; et on me monstre
Que mére sui de plus d'un monstre,
Lesquelx ont semblance de chien.

Ha! biau sire Diex, tu scez bien
C'onques ne pensay tel oultrage 175
Qu'aie brisié mon mariage;
Et je t'en appelle a tesmoing,
Sire; et te pri qu'a ce besoing
Me vueilles secourre et aidier,
Si com tu scés qu'il m'est mestier, 180
    Biau sire Diex.

    LA MÉRE DU ROY
Je vous ay pieça dit, biau fiex,
Qui ne croit a mére et a pére
Il ne peut qu'il ne le compére.
Espousé avez une femme 185
Que royne avez fait et dame,
Dont tout le monde se merveille,
Car n'estoit pas vostre pareille
Ne de lignage ne d'avoir,
N'aussi de meurs, je vous di voir; 190
Et quant son mal je vous ay dit,
Vous m'avez touz jours contredit,
Et m'en avez souvent tenu
Mal gré : dont il a convenu
Que je m'en soie deportée. 195
Or tenez! vezci sa portée :
En devez vous grant joie avoir?
Certes, elle est digne d'ardoir,
Quant tieulx trois cheaux vilz et ors
Sont nez et issuz de son corps 200
    Con je voi ci.
    LE ROY
Mucez, mére, pour Dieu mercy!
Je vueil avecques vous aler
Ou elle est et a li parler.

Conment jeues tu de tieulx faiz? 205

Est ce l'onneur que tu me faiz,
Faulse mauvaise sodomite ?
Je t'afy tu n'en es pas quitte.
Or ne fu il onques mais femme
210 Qui a roy feist tel diffame.
Est ce pour ce que tant t'amoie
Que ma compaigne fait t'avoie
Que tu m'as fait ceste laidure
Qu'en lieu d'umaine creature
215 Sont nez de ton corps ces cheaux ?
Faulse plus qu'autre desloyaux,
Jamais avec toy, se Dieu plaist,
N'avray compagnie ne plait ;
 Je te reni.

Osanne
220 Vueilliez avoir de moi merci,
Chier sire ; certes ne peut estre
Voir le fait que sus me voy mettre
 De vostre dame.

La mére du roy
Escoutez de la faulse femme !
225 Qui la croit bien est deceuz :
Vezci qui les a receuz.
 Di je voir ? di.

La damoiselle
Dame, oil ; pas ne vous desdi.
Sachiez de li sont nez, chier sire,
230 A grant peine et a grant martire
 Qu'elle a souffert.

Le roy
Mére, celé soit et couvert
Ce fait ci, et je vous em pri ;
Mais nient moins vueil que sanz detri
235 La faciez, pour sa mesprison,
Mettre en si tresmale prison
Com vous li pourrez pourveoir,

Car jamais ne la quier veoir.
De ci m'en vois et la vous lais :
 Ordenez en si que jamais   240
  N'en soit nouvelle.
   LA MÉRE
Puis qu'il vous plaist, je seray celle,
Biau filz, qui vous en cheviray,
Si que vostre honneur garderay,
Et tellement qu'on ne sara   245
Qu'elle devenue sera,
  Je vous promet.
   LE ROY
C'est bien dit; je la vous conmet.
  De ci m'en vois.
   LA MÉRE DU ROY
Osanne, n'arez pas un mois   250
Pour vous efforcier de jesine.
Maintenant, sanz plus de termine
Ne sanz vous plus ici tenir,
Vous fault en autre lieu venir
  Où vous menray.   255
   OSANNE
Puis qu'il le fault, dame, g'iray,
Soit pour ma mort ou pour ma vie.
S'on a ore sur moy envie,
J'espoir q'un autre temps venra,
Se Dieu plaist, qu'elle cessera   260
Et que miex ira ma besongne.
Alons men, alons sanz eslongne ;
  A Dieu m'atens.

   LA MÉRE DU ROY
Or avant! entrez ci dedans
  Appertement.   265
   OSANNE
Puis qu'il ne me peut autrement

          Venir se n'est au pis du miex,
          Quant a ores, loez soit Diex
             De quanque j'ay.
             LA MÉRE DU ROY
270   Je ne scé s'estes pie ou jay,
          Ou mauviz ou coulon ramage ;
          Mais puis que vous estes en cage,
          Cest huis a la clef fermeray
          Et la clef en emporteray,
275   Afin que nulz a li ne viengne.
          Je m'en vois. Ilecques se tiengne,
          Et runge le mur s'elle a fain ;
          Car dès ore mais po de pain
          Et po d'yaue ara pour son vivre
280   Chascun jour, afin que delivre
             Plus tost en soie.

             LE CHARBONNIER
          Egar ! j'oy vers celle houssoie,
          Ce m'est avis, enfans crier :
          G'y vueil aler sanz detrier.
285   Dont viennent il ore en ce bois ?
          Il sont plus d'un, et a leur vois,
          Que venir de ci endroit sens,
          Semblent qu'ilz soient inocens.
          Certainement, ains que soit soir
290   G'iray tant qu'en saray le voir.
          Escoute conme ilz crient fort !
          Pour certain j'ay a ce mon sort
          Qu'avec eulx n'ait pére ne mére.
          Ne fineray tant qu'il m'appére
295   Et que veoir les puisse en face.
          Je croy qu'ilz sont en celle place :
          G'y vois ; se sont mon, vez les ci,
          Et sont trois : sire Dieux, merci !

Il sont de feuchiére couvers.
De lonc, de lé et de travers 300
Vueil regarder si venroit ame;
C'est nient, n'y voy homme ne femme.
Enfans, n'avez gaires d'amis,
Quant on vous a ci endroit mis.
Par foy, j'ay de vous grant pitié 305
Et telle que, pour l'amistié
De Dieu, je vous emporteray
Touz trois et norrir vous feray.
Ne demourrez plus en ce bois;
Puis que vous tien, a tout m'en vois. 310

Je vous truis bien a point, ma fame.
Egardez que vous apport, dame;
   Je les vous doing.
     LA CHARBONNIÉRE
Vous nous pourveez bien de loing,
Renier, qui m'aportez ici 315
Trois enfans. Et, pour Dieu merci,
   Dont viennent il?
     LE CHARBONNIER
Le voulez vous savoir?
     LA CHARBONNIÉRE
          Oil,
Je vous em pri.
     LE CHARBONNIER
Je le vous diray sanz detri : 320
Ainsi com par le bois passoie
Pour m'en venir vers la houssoie,
Oy de ces enfans les vois;
Et, sanz plus dire, la m'en vois,
Pour ce que trop forment crioient; 325
Si les trouvay ou ilz estoient,
Touz trois de feuchiére couvérs,
Couchiez l'un delez l'autre envers

Sur l'erbe vert et arengiez;
Et pour la doubte que mengiez
Des bestes sauvages ne fussent
Ou de mesaise ne morussent,
Ne m'a fait pitié deporter,
Mais contraint de les apporter,
 En bonne foy.

LA CHARBONNIÉRE

Loé soit Diex! Renier, bien voy,
Puis qu'ainsi est, nous en ferons
Noz enfans et les norrirons;
N'en avons nulz, bien m'y accorde :
Ce sera grant misericorde;
 Pour Dieu soit tout!

LE CHARBONNIER

Vous dites voir; mais je me doubt
Que crestiens ne soient pas,
Si que je lo qu'ynel le pas
Moy et vous ne nous deportons
Qu'a l'eglise ne les portons
Et les façons crestienner;
Je le vous suppli et requier,
 Ne laissons pas.

LA CHARBONNIÉRE

Ce ne vous refuse je pas,
Sire Renier : c'est bon conseulx.
Prenez en un, j'en prendray deux;
 Alons men, sus!

LE CHARBONNIER

Alons! je n'en vois point en sus :
 Passez devant.

OSANNE

E! mére Dieu, trop m'est grevant
La paine que je seuffre et port

En ceste prison, et a tort.
Biau sire Diex, a toy m'en plaing;
Je n'en puis mais se me complaing. 360
Estre soloie une royne,
Et il n'a si povre meschine
En ce monde conme je sui
Ne qui tant ait meschief n'ennuy
Con je seuffre en ceste prison; 365
Car chascun jour de livroison
N'y ay qu'un po d'yaue et de pain.
E! mére au doulx roy souverain,
Ce m'est moult petite livrée.
Après pour punir sui livrée 370
A la personne de ce monde
Qui plus me het (Dieu la confonde!)
Et qui plus m'est grant ennemie.
Ha! roy Tierry, ne vous ay mie
Desservi que tel me fussiez 375
Qu'a celle baillié m'eussiez
Pour justicer qui tant me het
Et sanz raison, si com Diex scet,
Et qui tant m'est perverse et dure,
Qui tant me fait souffrir laidure, 380
Et m'a fait puis un an en ça;
Onques journée n'en cessa
Que ne m'ait fait honte et meschief
Assez, et dit que par tel chief
Fera mon corps aler a fin: 385
Pour ce, mére Dieu, de cuer fin
A vous devotement m'ottri,
Et tant conme je puis vous pri
Qu'en ceste grief peine et bataille
A vostre aide pas ne faille 390
N'a vostre grace.

NOSTRE DAME

Chier filz, ains que plus avant passe
Heure ne terme de ce jour,
Plaise vous qu'alons sanz sejour
395 Conforter en celle prison
Celle quy est sanz mesprison,
Qui si devotement me tent
Cuer et corps et a moy s'atent
Que la sequeure.

DIEU

400 Il me plaist : alons sanz demeure.
Mére, je vueil ce que voulez :
Li sien corps est trop adolez,
Et, pour voir, sanz cause n'est pas.
Sus, anges, descendez bon pas,
Jehan, et vous.

405 SAINT JEHAN

Vray Dieu, pére de gloire, nous
Touz ferons sanz nul contredit
Vostre voloir ; or nous soit dit
Quel part irons.

DIEU

410 Ce chemin devant nous tenrons.
Anges, alez vous deux devant,
Et Jehan vous ira suivant
Et nous après.

LE PREMIER ANGE

Sire Dieu, nous sommes touz prestz
415 De voz grez faire.

NOSTRE DAME

Il ne vous convenra pas taire :
En alant un chant de musique
Gracieuse a voiz angelique
Vueil que chantez.

DEUXIESME ANGE

420 Puis que telle est vo voulentez

Si ferons nous, ma dame chiére.
Avant! disons a liée chiére
Ce rondel ici par amour.

Rondel

Moult emploie bien son labour
Qui vous sert, vierge precieuse, 425
De cuer et pensée songneuse;
S'ame met hors de la paour
Qu'en peine ne voit tenebreuse.
Moult emploie bien son labour
Qui vous sert, vierge precieuse, 430
Et si acquiert de Dieu l'amour;
Après li estes tant piteuse
Qu'es cieulx a vie glorieuse.
Moult emploie bien son labour
Qui vous sert, vierge glorieuse, 435
De cuer et pensée songneuse.

Dieu

Fille, ne soies paoureuse
De nous, s'ensemble ici nous vois;
Je croi bien pas ne nous congnois.
Ne te met plus en desconfort : 440
Cy vien pour toy donner confort,
Qui sui de ma fille et ma mére
Filz, frére, ami, espoux et pére.
Or me peuz congnoistre par temps,
Se tu bien ma parole entens 445
Et en toy la scés concepvoir,
Et qui je sui appercevoir;
Ce n'est pas doubte.

Nostre Dame

Osanne, m'amie, or escoute :
Pour ce que tu as t'esperance 450
Mis en moy et eu fiance
En ta grant tribulacion,
Te vien je consolacion

               Faire pour ton cuer esjoir;
455   Et se plus oultre veulz oir,
               Je te dy garde ne donras
               Que de ceulx vengée seras
               Qui en ceste peine t'ont mis.
               Dieu te sera touz jours amis,
460   Se bien l'aimes en verité;
               Et, se plus as d'aversité,
               Seuffre la pour Dieu doucement :
               Ton prouffit feras grandement.
               Plus ne te diray quant a ore.
465   Or sus! touz trois dites encore
               Ce chant qu'avez dit en venant,
               Et nous en ralons or avant
                   Sanz plus ci estre.
                        LE PREMIER ANGE
               Dame de la gloire celestre,
470   Voulentiers, puis que bon vous semble
               Avant, Michiel : prenons ensemble
               Et ne faisons ci plus demour.
                        RONDEL
               Et si acquiert de Dieu l'amour;
               Après li estes si piteuse
475   Qu'es cieulx a vie glorieuse.
               Moult emploie bien son labour
               Qui vous sert, vierge precieuse,
               De cuer et pensée songneuse.

                        OSANNE
               Ha! doulce vierge glorieuse,
480   Tresor d'infinie bonté,
               En qui, par vraie charité,
               Dieu se fist homme a nous semblable,
               Quant huy m'estes si secourable,
               Que m'estes venu conforter

Et si doulcement enorter 485
De bonne pacience avoir,
Je doy bien mettre paine, voir,
A vous louer et gracier
Et vostre doulx filz mercier;
Et si feray je vraiement 490
De cuer devot, plus ardenment
Que n'ay fait, c'est m'entencion,
Et de plus humble affection
   Qu'onques ne fis.

   La mére au roy
Se de touz poins ne desconfis 495
Ma bruz, si qu'elle en prison muire,
Je doubt qu'encor me pourra nuire;
Si ne peut elle guéres vivre
Par raison, car je ne li livre
Pour jour qu'un po d'yaue et de pain; 500
Et tant conme je puis me pain
Que de personne n'ait confort,
Car la clef de la ou est port,
Si c'on ne la peut conforter.
Sa livroison li vois porter; 505
Je ne vueil point qu'autre personne
Y voit, afin c'on ne li donne
Nulle autre chose qu'yaue et pain.
Morte fust elle ore de fain!
Entrer vueil dedans avec elle. 510
Es tu ci, orde telle quelle?
Tien, mengue en male santé :
Que fust ore en terre planté
   Ton puant corps!
   Osanne
Se Dieu, qui est misericors 515
Et doulx, ne m'eust soustenu,
Ce que desirez advenu

Fust pieça, dame.

LA MÉRE AU ROY

Je pri Dieu dampnée soit l'ame
520 Sanz fin de celui ou de celle
Qui premier apporta nouvelle
A mon filz que fusses sa femme,
Car onques mais si grant diffame
N'avint a roy.

OSANNE

525 La vilenie et le desroy
Que me faites et mettez sus,
Dame, vous pardoint de lassus
Dieu, si lui plaist.

LA MÉRE DU ROY

Tien te la ; tu as trop de plait,
530 Qui t'a grevé et grevera.

Mais hui personne ne verra,
Combien qu'il lui tourt a annuy.
De ce trop esbahie sui
Que, pour paine qu'elle ait eue,
535 N'a riens de sa biauté perdue,   *142 d*
Ains a la cher polie et fresche.
Il fault qu'autrement m'en despesche ;
Et vraiement je si feray,
Qu'en la mer jetter la feray ;
540 Trop l'ay souffert et enduré,
Et aussi elle a trop duré :
Delivrer m'en vueil sanz attendre.
Venez ça, venez, Alixandre,
Et vous, Rainfroy, et vous, Gobin.
545 S'onques m'amastes de cuer fin,
A ce cop ci l'esprouveray.
Ce que je vous conmanderay,
Le ferez vous ?

ALIXANDRE

Je croy n'y a celui de nous
Qui ne face, ma dame chiére, 550
Vostre conmant a liée chiére ;
 Ainsi le tien.

RAINFROY

Quant est de moy, vous dites bien
 Et voir, amis.

GOBIN

Si feray je pour estre mis, 555
 Certes, a mort.

LA MÉRE DU ROY

Puis que chascun se fait si fort
De mon vouloir executer,
Je vueil que vous m'alez jetter
En mer Osanne la chetive : 560
N'est pas digne qu'elle plus vive ;
C'est une bougre meschant garce
Qui a bien desservi estre arse,
 Tant a meffait.

ALIXANDRE

Chiére dame, il vous sera fait 565
Voulentiers et brief, sanz attendre,
Se vous nous en voulez deffendre
 Et delivrer.

LA MÉRE DU ROY

Alons : je la vous vueil livrer,
Et vous promet a m'en chargier 570
Et vous de touz poins deschargier :
 Vous souffist il?

RAINFROY

Souffist, dame? certes, oil.
N'y a plus, nous le vous ferons ;
Le pais en delivrerons 575
 Pour vostre amour.

LA MÉRE AU ROY

Issez hors, issez sanz demour,
Bonne et belle, je mens sanz faille.
Tenez, seigneurs, je la vous baille ;
580 Menez l'en tost ou vous savez,
Et en faites ce que devez
　　Appertement.

GOBIN

Bien. Ça, dame, venez avant.
Ci endroit plus ne nous tenrons ;
585 Avecques nous vous en menrons
　　Un po esbatre.

OSANNE

Plaise vous, seigneurs, sanz debatre
Par vostre doulceur et bonté,
A moy dire la verité
590 　　Ou me menez.

ALIXANDRE

Dame, puis qu'en ce monde nez
Sommes, une foiz nous convient
Touz et toutes morir, c'est nient ;
Passer nous fault touz par ce pas.
595 Il me semble qu'il ne plaist pas
Au roy n'a ma dame sa mére
(Se je vous di parole amére
Pardonnez le moy, je vous pri)
Que vivez plus ; mais sanz detri
600 Vous fault huy par mort trespasser.
Ne vous en pouons repasser,
Dame ; et puis donc qu'il est ainssi,
Priez a Diex de cuer merci,
Que touz voz meffaiz vous pardoint
605 Et a vostre ame gloire doint ;
　　Je n'y voi miex.

143 b

Osanne

Ha! biaux seigneurs, merci! que Diex
Vous soit a touz misericors;
Espargniez par pitié mon corps,
Et ne me tolez pas la vie;   610
Car par haine et par envie,
Sanz cause nulle et sanz desserte,
Vous sui baillie a mettre a perte.
Et se pour pitié me daigniez
Tant que de morir m'espargniez;   615
Certes, Dieu si le vous rendra
Et bien le vous guerredonra;
    Je n'en doubt mie.

Rainfroy

Seigneurs, tout le cuer me lermie
De pitié qu'ay de ceste famme.   620
Je me doubt bien, par nostre dame,
Que, se nous a mort la mettons,
Que nous ne nous en repentons
    Au paraler.

Gobin

A ce que l'ay oy parler,   625
Certes, je ne sui point d'accort
Aussi qu'elle soit mise a mort,
    Se Dieu me voye.

Alixandre

Et je vous demant quelle voie
A nostre honneur pourrons trouver   630
Que de mort la puisson sauver :
    Dites le moy.

Rainfroy

Je ne scé. Si fas bien : j'en voy
Une que je vous vueil compter.
En la mer la devons jetter.   635
Je vous diray que nous ferons :
En un batelet la mettrons

Sanz gouvernement de nullui,
Et si n'ara avecques lui
640 Perches ne voille n'avirons;
Et ainsi aler la lairons
Ou la mer porter la voulra,
Qui tost la nous eslongnera,
Si que point ne sera trouvée;
645 Et, s'elle doit estre sauvée,
Diex en fera sa voulenté;
Et si nous serons acquicté
De nostre fait.

GOBIN

Alixandre, il dit voir : soit fait
650 Conme il a dit.

ALIXANDRE

Soit : je n'y met nul contredit.
Avant, alons querir batel.
Sa! veez en ci un bon et bel
Qu'ai ci trouvé.

GOBIN

655 C'est voir, tu t'en es bien prouvé.
Du remenant nous fault penser.
Dame, pour vous de mort tenser,
Entendez que nous vous ferons :
En ce batelet vous mettrons,
660 Puis que de vivre avez desir,
Et vous lairons au Dieu plaisir
Aler ou la mer vous menra :
S'a Dieu plaist, il vous sauvera;
Ou ci endroit vous noyerons
665 En l'eure, plus n'attenderons;
Siques dites nous qu'en ferez,
Lequel de ces deux amerez
Mieulx a eslire.

OSANNE

Seigneurs, de deux maux le mains pire

Doit on eslire pour le miex. 670
Puis qu'ainsi est, loez soit Diex.
Quant ne puis autre chose avoir,
Fors que mal, je vous fas savoir
J'ain miex ens ou batel descendre
Et les aventures attendre 675
Qui me pourront de mer venir
Que ce qu'ainsi doie fenir
 Que me noyez.
  RAINFROY
Or tost donc, si vous avoiez
 A rentrer ens. 680
  OSANNE
Voulentiers, seigneurs, sanz contens.
 G'y sui, veez.
  ALIXANDRE
Dame, savoir gré nous devez
De ce fait. Or nous en irons
Et a Dieu vous conmanderons, 685
Qui vous soit en aide et confort
Et vous vueille mener a port
 De sauvement.
  GOBIN
Ainsi soit il! Sus! alons ment:
D'aler tost avons bien besoing. 690
Egar! conme la mer ja loing
 L'a de nous mise.
  RAINFROY
C'est de la mer, Gobin, la guyse.
S'encore un petit y musoies,
Je te dy que tu ne verroyes 695
 Batel ne femme.
  ALIXANDRE
Ho! souffrez vous: vezla ma dame
Qui nous attent, je n'en doubt pas.
Avançons un po nostre pas

D'aler a li.
RAINFROY
Si faisons nous, n'y a celi,
Si com moy semble.

LA MÉRE DU ROY
Bien veigniez vous touz trois ensemble.
Or conment va?
GOBIN
Bien, ma chiére dame; cela
Venons de faire que savez,
Ainsi que dit le nous avez,
Je vous promet.
LA MÉRE
C'est bien fait; et puis qu'ainsi est,
Je vous deffens (ame ne m'ot)
Que de ceci ne sonnez mot
A personne qui en enquiére,
Sur quanque m'amez n'avez chiére,
Fors qu'a entre nous qui ci sommes;
Et je vous feray riches homes,
Foy que doy m'ame.
ALIXANDRE
De ce ne doubtez, chiére dame:
Ja n'iert sceu.
LA MÉRE DU ROY
Ore, tant qu'aray pourveu
Ce de quoy vous pens riches faire,
Chascun de vous en son repaire
Si s'en ira.
RAINFROY
Nous ferons ce qui vous plaira,
Dame; de vous prenons congié.
Alons men, n'y ait plus songié.
Partons de ci.

LA MÉRE
Sanz faille, puis qu'il est ainsi
Que ma bruz est morte a hontage,
Maintenant en seray message
Et l'iray denuncer au roy. 730
Bethiz, venez avecques moy;
　　Delivrez vous.
　　　LA DAMOYSELLE
Voulentiers, dame. Ou irons-nous
　　En la bonne heure?
　　　LA MÉRE DU ROY
Nous irons sanz point de demeure 735
Vous et moy par devers mon filz;
Je le feray certains et fiz
D'une chose qu'i ne scet mie,
Conment va d'Osanne s'amie.

　　Filz, Dieu vous gart! 740
　　　LE ROY
Mére, bien veigniez. De quel part
　　Venez vous? dites.
　　　LA MÉRE DU ROY
Biau filz, delivre estes et quittes
D'Osanne qui fu vostre femme,
Qu'en prison ay pour son diffame 745
Gardée par vostre congié.
Sy po y a bu et mengié,
Pour Dieu, qu'elle est a fin alée.
Enterrer l'ay fait a celée
　　Et coyement. 750
　　　LE ROY
Mére, par vostre enortement
M'avez tant dit et envay
Qu'il fault que je l'aie hay
Et menée jusqu'a la mort.
Je ne scé s'avez droit ou tort, 755

Si l'amoie je moult, par m'ame;
Dont je pri Dieu et nostre dame,
Pleurant des yeulx et de cuer fin,
Que, se l'avez fait mettre a fin
A tort, que longuement n'atende
Que tel loier ne vous en rende,
Qu'il appére de vostre fait
Se bien ou mal li arez fait.
  A tant me tais.
   LA MÉRE DU ROY
Fil, de vous pren congié huy mais.
Je voy qu'a moy vous courroucez
Pour bien faire; or laissez, laissez.

Par saint George, le jour venra
Que de ceci me souvendra,
  S'il chiet a point.
      Yci se laisse cheoir.
   LA DAMOISELLE
Doulce mére Dieu, par quel point
Puet estre ma dame cheue?
Diex! quelle est elle devenue?
Sa biauté ne fait qu'obscurcir,
Ne son viaire que noircir.
Lasse! elle meurt a grief desroy.

Venez ça, mon seigneur le roy,
  A vostre mére.
   LE ROY
Qu'est ce la, Bethis? Par saint Pére,
  Qu'a elle? dy.
   LA DAMOISELLE
Je ne scé; onques mais ne vy
Femme ainsi laidement cheoir.
Pour Dieu, sire, venez veoir
  Qu'il vous en semble.

LE PREMIER CHEVALIER
Bon est qu'i alons touz ensemble, 785
Sanz faire yci plus lonc devis,
Et si en dirons nostre advis,
 Je le conseil.
  DEUXIESME CHEVALIER
Chier sire, il vous dit bon conseil
Et qui fait bien a ottrier; 790
Alons tost sanz plus detrier :
 C'est bon a faire.
  LE ROY
Alons, nous verrons son affaire.

Sainte Marie ! qu'est ce ci ?
Diex! con le vis li est noirci 795
 Et tout le corps!
  PREMIER CHEVALIER
Doulx li soit et misericors
Dieu, par sa bonté infinie!
Certainement elle est finie
 A grant martire. 800
  DEUXIESME CHEVALIER
Biau sire Diex, que veult ce dire?
Conment li peut estre la face,
Pour cheoir en si belle place,
Ne le corps devenu si noir?
Le cuer m'en effraie, pour voir, 805
 Et m'esbahist.
  LE ROY
Seigneurs, puis que ci morte gist
(Plus la regars, plus ay grant hide),
Faites que vous aiez aide
Et que l'emportez la derriére 810
Et li pourveez une biére ;
Sempres enterrer la ferons,
De son obséque ordenerons

Tout a loisir.
Premier chevalier
815 Chier sire, tout vostre plaisir
Ferons bonne erre.
Deuxiesme chevalier
Je vois deux ou trois hommes querre
Qui hors de cy l'emporteront
Et qui sempres l'enterreront
820 Pour eulx donner un po d'argent;
Vous et moy ne sommes pas gent
De tel besongne.
Premier chevalier
C'est voir. Or alez sanz eslongne,
Mon ami doulx.
Deuxiesme chevalier
825 Ça, je vien, seigneurs; mettez vous
A point et ne vous deportez,
Ce corps jusques ça m'apportez;
Or faites brief.
Alixandre
Prenez vous deux devers le chief,
830 Et je les jambes porteray.
Or sus! tournez, devant iray :
Il appartient.
Gobin
Nous le savons bien qu'il convient
Que les piez s'en voisent devant.
835 Tournez sommes; or vaz avant,
Sanz deporter.
Rainfroy
Onques mais n'aiday a porter
Corps si pesant con cesti ci ;
Je croy que non fis tu aussi.
840 Diex en ait l'ame!
Gobin
Se ne fis mon, par nostre dame.

Se gaire avions a aler,
Je perdroie tost le parler
　　Du tout sanz faille.
　　　　ALIXANDRE
Hé! d'ainsi plaindre ne vous chaille :   845
En l'eure delivre en serons.
Vez leuc ou jus la metterons :
　　Venez bon pas.

　　　PREMIER CHEVALIER
Sire, ne vous courroucez pas ;
Car ne vous en seroit ja miex.   850
Ainsi fera, s'il li plaist, Diex
　　De nous trestouz.
　　　　LE ROY
J'ay bien matére de courroux
Certainement, amis ; pour quoy ?
Non pas pour ma mére que voy   855
Qu'est morte si sodainement,
Car c'est du juste jugement
De Dieu ; mais pour autre achoison.
Elle a fait morir sanz raison
Ma treschiére compaigne Osanne.   860
N'avoit de ci jusques Losanne
Plus vaillant dame qu'elle estoit :
Elle junoit, point ne vestoit
De linge, mais ceingnoit la corde ;
Elle mettoit paix et concorde   865
Tant com pouoit entre les gens,
Et touz jours estoit diligens
Des povres paistre et soustenir.
Je me doy bien pour fol tenir
Quant je la mis en la baillie   870
De celle qui si l'a trahie.
Il pert bien c'onques ne l'ama :
Maintes foiz la me diffama,

Et en la parfin a tant fait
875 Qu'elle l'a fait morir de fait :
Dont dolent sui, n'en doubtez mie.
Ha ! Osanne, ma chiére amie,
Vostre mort plain et plainderay
Tous les jours que je viveray :
880 C'est bien droiture.

DEUXIESME CHEVALIER

Sire, sachiez j'ay tant mis cure
Que vostre mére gist en biére
En la chappelle la derriére;
Demain son service on fera,
885 Et sempres on l'enterrera, *145 b*
Se vous voulez.

LE ROY

Certes, je sui si adolez
Qu'il ne m'en chaut : soit mise en terre,
Et vous en delivrez bonne erre
890 Ligiérement.

DEUXIESME CHEVALIER

Sire, vostre conmandement
De cuer feray.

DIEU

Michiel, entens que te diray :
Je vueil que t'en voises ysnel
895 Scez tu ou? la en ce batel,
Ou toute seule est celle dame.
Je l'ains, car elle est preude fame.
Ne li dy mot; mais sanz deport
La maine et conduiz jusqu'au port
900 Qu'est de Jerusalem le plus près :
Ce fait, vien t'en tantost après,
Sanz li riens dire.

MICHIEL
Vostre conmant vois faire, sire,
Sanz arrester.

OSANNE
E! Diex, je me doy bien doubter 905
Et avoir paour que n'afonde
Et verse en ceste mer parfonde
Et qu'il ne faille que g'y muire.
N'ay de quoy ce batel conduire;
Et se j'avoie bien de quoy 910
Si ne saroie je, par foy.
Dont sui je bien en aventure.
E! femme, povre creature,
Le monde a touz ses biens te fuit,
Fortune a son pouoir te nuit, 915
La mer contre toy s'enorgueille :
N'est riens qui nuire ne te vueille;
Nis de pain ay je grant deffault.
E! lasse, et Fortune m'assault
Si fort, pour soy de moy vengier, 920
Que je doubt que mes mains mengier
Ne me conviengne par famine.
E! mére Dieu, vierge benigne
Qui estes preste a tout besoing,
Qui secourez et près et loing 925
Ceulx qui ont en vous esperance,
Dame, si com j'ay ma fiance
Du tout en vous, ne me failliez;
Vostre doulx filz pour moy vueilliez
Prier qu'il me face confort, 930
Si voir conme il scet bien qu'a tort
Sui ci mise en douleur amére
Dont n'atens que mort, par la mére
Principalment de mon mari.
Ha! bon roy d'Arragon Thierry, 935

La vostre amour m'est bien changiée;
Et vostre mére est bien vengiée
De moy, quant par elle on m'a mis
En tel peril. A Dieu, amis!
Ne vous verray plus, ne vous moy;
Car, certes, je ne scé ne voy
De quelle part secours me viengne
Que ci morir ne me conviengne :
Dont le cuer de douleur me serre.
      Ici se taist un po.
E! biau sire Diex, je voi terre,
Ou ce batel va tout a trait
Aussi conme s'il y fust trait.
Ha! sire Diex, je vous merci
Quant a port sui venue ci.
Descendre vueil de ci bonne erre.

Mére Dieu doulce, en quelle terre
Sui j'ore? Certes, je ne scé.
Celle doy bien avoir en hé
Par qui j'ay esté si trahie,
Qu'aussi qu'une beste esbahie
Sui ci, et ce n'est pas merveille.
Ore Diex adrescier me vueille!
Puis que suis en pais estrange,
Il convera bien que je change
De mon grant estat la maniére;
Car se puis estre chamberiére
Et avoir un preudomme a maistre,
Il me souffira ainsi estre
 Toute ma vie.
  L'OSTELLIER DE JHERUSALEM
Dame, se Dieu vous beneie,
Dites moy dont estes vous née
Ne qui vous a si amenée.
 Toute seule estes ?

OSANNE

Sire, une demande me faites
Dont vous vous pouez bien cesser 970
Et moy en paiz de ce laisser ;
Mais, s'il vous plaist, vous me direz
En quel pais sui : si ferez
    Grant charité.

L'OSTELLIER

M'amie, en bonne verité, 975
Je le vous diray sanz deport :
Sachiez que vous estes au port
Plus prouchain de Jerusalem.
Je vous dy voir, par saint Jehan.
Pour ce qu'i arrivent esclaves 980
Et autres gens c'on dit espaves,
Esbatre ici venu m'estoie
Pour savoir se g'y trouveroie
Personne qui voulsist servir
Ma femme et moy pour desservir 985
Qu'elle eust bon loier et grant.
Ariez vous point le cuer engrant
    De servir, dame?

OSANNE

S'il vous plaist, sire, oil, par m'ame,
Voulentiers, de cuer, sanz envie, 990
Serviray pour gaingnier ma vie ;
Et si croy que je feray tant
Que vous tenrés a bien content
    De mon service.

L'OSTELLIER

Je tien qu'i estes bien propice. 995
Avant ! ci plus ne vous tenez,
Avecques moy vous en venez :
Je demeure ou miex de la ville.

Estes vous la, dame Sebille?

1000 Faites nous bonne chiére et haulte.
Egardez : n'arez pas deffaulte
De chamberiére.
L'OSTELLIÉRE
Bien veigniez vous, m'amie chiére.
A certes dire me devez
1005 Se pour ce que vous nous servez
Venez ici.
OSANNE
Oil, dame, s'il est ainsi
Qu'il vous agrée.
L'OSTELLIÉRE
Vous soiez la tresbien trouvée.
1010 Je croy que vous aray bien chiére,
Car il me semble a vostre chiére
Que ne pourrez fors que bien faire.
Se vous m'estes de bon affaire,
Jamais de nous ne partirez
1015 Tant que riche et comble serez,
Je vous promet.
OSANNE
Dame, en vostre grace me met,
Et je feray tant, se Dieu plaist,
Que n'arez ne noise ne plait
1020 Par moy; mais tout a vostre guise,
Si tost con je l'aray aprise,
Vous serviray.
L'OSTELLIÉRE
Or venez : je vous monstreray
En quoy vous embesongnerez.
1025 Esgardez : ces liz me ferez,
Puis nettoiez ceste maison ;
Mais aussi je vueil vostre nom
Savoir, m'amie.
OSANNE
Je ne le vous celeray mie :

Osannette m'appellerez, 1030
S'il vous plaist, dame; voir direz :
　　C'est mon droit nom.
L'ostelliére
Bien faites, tant que bon renom
Je puisse de vous tesmoingnier.
Je m'en vois ailleurs besongnier; 1035
　　Or faites bien.
Osanne
Ne vous en soussiez de rien,
Dame : quant de ci partiray,
Riens a ordener n'y lairay
　　N'a nettoier. 1040

Le premier fil
De raler me vueil avoier
Tant que soie en nostre maison,
Puis que j'ay vendu mon charbon.
　　Da, avant, da!

Deuxiesme fil
Si tost ne vendi mais pieça 1045
Mon charbon conme j'ay fait huy.
Je m'en vois a l'ostel maishuy
Liement : ma journée est faitte.
Mon cheval d'aler tost s'affaitte
　　Pour ce qu'est vuit. 1050

Troisiesme fil
Je ne cuit pas avoir ennuit
De mon pére chiére rebourse :
Je li porte argent en ma bourse,
Ne me devra pas laidangier.
Hé! mon frére voy. Ho! Renier, 1055
　　Arreste, arreste!

DEUXIESME FIL

Es tu la, mon frére? or t'apreste
 Dont de venir.
TROISIESME FIL
Je m'en saray bien convenir.
Alons men : sui je tost venu?
Se Dieu t'aist, combien as tu
 Vendu ta somme ?
DEUXIESME FIL
Combien? trois solz, a un bon homme
Qui me semble doulx et courtois,
Car il m'a fait une grant fois
 De son vin boire.
LE TROISIESME FIL
Plus aise du cuer en doiz, voire,
 Estre et plus lié.
DEUXIESME FIL
Je ne sui goute traveillié,
De ce ne fault il pas parler.
Ça! pensons de nous en raler :
 C'est nostre miex.
PREMIER FIL
Pére, bon vespre vous doint Diex.
Est il bon que voise establer
Ce cheval ci et afforrer
 Tout avant euvre?
LE CHARBONNIER
Oil, filz; mais point ne le cuevre
 Mestier n'en a.
LE PREMIER FIL
De par Dieu, point ne le sera,
 Au mains par moy.
LE TROISIESME FIL
Egar! nostre frére la voy
Qui son cheval establer maine :
Il nous fault aussi mettre paine

D'aler les nostres establer,
Et puis si pourrons retourner 1085
Touz trois ensemble.
Le deuxiesme fil
Alons donc : puis que bon vous semble
A faire, aussi je m'y ottroy.
Pére, nous sommes ci touz troy,
Qui bonne chiére avoir devons : 1090
Noz trois sommes vendu avons
De charbon, je vous compte voir ;
Mais je vous fas bien assavoir
Qu'orains vi un cheval baucent ;
Mais, par mon seigneur saint Vincent, 1095
Biau pére, s'un tel en avoie,
Sachiez que je ne le donroye
Pour nul avoir.
Premier fil
Mon pére, vous diray je voir ?
Certainement je vi orains 1100
Un escuier qui sur ses mains
Portoit un faucon par la voie ;
Mais, par m'ame, se j'en avoie
Un tel, je l'aroye plus chier
Que cent muis, ce puis affichier, 1105
De bon charbon.
Troisiesme fil
Et j'un levrier si bel et bon,
Si gentil et si netelet,
Ay hui encontré qu'un vallet
Assez matin menoit en destre, 1110
Que sohaiday qu'il peust estre
Que cent livres pour lors eusse
Et toutes donner les deusse
Par convent que le chien fust mien ;
Car certes il le valoit bien, 1115
A mon advis.

LE CHARBONNIER

Mes enfans, laissiez voz devis :
Ce sont choses ou avenant
Ne pouez estre maintenant.
Seez vous ; si reposerez.
Assez tost a diner arez,
 Mais qu'il soit prest.

LE ROY

Seigneurs, je vous diray qu'il est :
Sachiez je vueil aler chacier ;
Mandez aux veneurs qu'adressier
 Vueillent la chace.

PREMIER SERGENT D'ARMES

Sire, vous plaist il que je face
Ce message? Tantost iray,
Et ce que dites leur diray
 En l'eure, sire.

LE ROY

Oil ; tu diz bien : vaz leur dire
 Que je leur mant.

PREMIER SERGENT

Je vois faire vostre conmant.

Seigneurs, il vous fault tout laissier
Pour venir en au boys chacier ;
Mettez tost voz chiens en arroy,
Et vous en venez : car le roy
 Si le vous mande.

PREMIER VENEUR

Tantost ferons ce qu'il conmande.
Hardiement li alez dire
Qu'avant y serons que li, sire :
 Voit s'en devant.

PREMIER SERGENT
Voulentiers, seigneurs; or avant!

Chier sire, a voie vous mettez :
Les veneurs, ne vous en doubtez,   1145
Et les chiens au bois trouverez
Touz prez, ja si tost n'y venrez;
 Avancez vous.
  LE ROY
C'est bien dit. Sus, aux chevaulx touz!
 Alons monter.   1150
  DEUXIESME SERGENT
Faites ci voie, ou, sanz doubter,
Je vous serviray sur les dos
De ceste mace ci grans cops.
 Alez arriére.

  DEUXIESME VENEUR
Alons nous ent par ci derriére,   1155
Lubin, et noz chiens en menons,
Si qu'avant que le roy venons
 En la forest.
  PREMIER VENEUR
Alons! je m'i accors : dit est
 Et fait sera.   1160

  LE ROY
Seigneurs, maishuy nous en fauldra
Aler, puis que sommes montez;
D'aler devant moy vous hastez
 Trestouz ensemble.
  PREMIER CHEVALIER
Alons! je voy la, ce me semble,   1165
Les veneurs en ce quarrefour :
Il nous diront se ci entour
 Ont rien veu.

####### Deuxiesme chevalier

C'est voir; tantost sera sceu :
  Alons a eulx.

####### Le roy

Avant dites moy voz conseulz,
Seigneurs, ne m'en faites debatre :
Quelle part nous pourrons embatre
A ce que ne puissons faillir
D'une grosse beste assaillir,
 Cerf ou sanglier?

####### Deuxiesme veneur

Sire, se Dieu me vueille aidier,
Ne fauderez en nulle fin,
Se vous alez par ce chemin,
Que briefment assez n'en truissiez;
Mais gardez que vous ne laissiez
  Point ceste sente.

####### Le roy

Nanil, ce n'est mie m'entente.
J'en vois, biaux seigneurs; or avant!
Alez en par ci au devant,
Afin que, se riens vous envoie,
Que vous li estoupez la voie
  Quanque pourrez.

####### Premier chevalier

Si ferons nous, bien le verrez,
 S'il chiet a point.

####### Deuxiesme chevalier

De ma part je n'en faudray point,
Mon chier seigneur.

####### Le roy

Egar! je voy leuc le greigneur
Senglier qu'onques mais je veisse;
Avant que de ce bois mais ysse,
Tant qu'il soit pris ne fineray.

De li plus près m'aproucheray
Pour li faire sentir m'espée.
Il s'en fuit en celle valée,
Dès si tost conme il m'a veu ;　　　　　1200
Mais je ne sui pas recreu :
　　Après m'en vois.

　　LE PREMIER CHEVALIER
Egar ! je n'oy dedans ce bois
De mon seigneur frainte nesune.
Au mains, se je veisse aucune　　　　　1205
Grosse beste par ci saillir,
J'esperasse que sanz faillir
Il deust tost venir après ;
Mais ne je n'oy ne loing ne près
Ne voiz d'omme ne córre beste.　　　　1210
Je doubt, ce vous jur sur ma teste,
　　Qu'il ne s'esgare.
　　DEUXIESME CHEVALIER
Aussi fas je ; courons a hare
　　Après, pour Dieu.
　　PREMIER CHEVALIER
Mais, sanz nous partir de ce lieu,　　　1215
Cornons, savoir s'il nous orra
Ne se point il nous huera ;
　　Je le conseil.
　　DEUXIESME CHEVALIER
Vous avez bien dit : corner vueil
Si hault con faire le pourray ;　　　　　1220
Cornez aussi com je feray,
　　Par quoy nous oye.
　　LE PREMIER CHEVALIER
Toute la teste me tournoye
De corner fort a longue alaine,
Et si m'est avis que ma paine　　　　　1225
　　Pers : je n'oy ame.

DEUXIESME CHEVALIER

Non fas j'aussi, par nostre dame.
Or regardez que nous ferons,
Se plus avant querir l'irons,
Car il est tart.

PREMIER CHEVALIER

Se nous seussions quelle part
Il est, je deisse : « Alons y ; »
Mais nanil, et n'y a celui
Qui ne se mette en aventure,
S'i alons, car la nuit obscure
Sera et noire.

DEUXIESME CHEVALIER

Certainement, c'est chose voire :
Ainsi serions mal ordené ;
Et espoir qu'il est retourné
En son palais : si lo ainsi
Que nous en retournons aussi
Droit a la ville.

PREMIER CHEVALIER

Je tien c'est le miex, par saint Gille.
Alons men, sire.

LE ROY

E ! Diex, ou sui j'? Or puis je dire
Que de touz poins sui attrappé :
Je cuidié proie avoir happé,
Mais je me voy si entrepris
Que puis dire en chaçant sui pris,
Dont je me voy tout esperdu.
Tout seul sui, mes gens ay perdu :
Par ici m'en retourneray
Savoir se je les trouveray.
Voir, je croy Dieu m'a desvoié
Et cest encombrier envoié
Pour l'amour d'Osanne, ma femme,
Qui estoit une vaillant dame,

Que je baillay es mains ma mére,
Qui li a tant dure et amére
Esté qu'elle morir l'a fait 1260
Sanz ce qu'elle eust riens meffait,
A mon cuidier ; car point ne tiens
Qu'elle portast onques les chiens
Que ma mére entendant me fist ;
Mais croy miex que Diex desconfit 1265
De mort honteuse ma mére a
Pour le pechié qu'elle fist la ;
Et en tant que je m'assenti
A li croire et me consenti
Qu'a ma femme feist grief lors, 1270
Doulx Dieu, pére misericors,
Pardon vous requier et merci,
Et qu'adressier me vueilliez si
Qu'aucun habitacle je truisse
Ou esconser maishui me puisse, 1275
Car nuit est plaine d'obscurté.
E ! Diex, la voy de feu clarté :
Ne peut estre qu'il n'y ait gens ;
D'aler y seray diligens
Tout maintenant sanz plus ci estre. 1280

Ouvrez, ouvrez, varlet ou maistre ;
 Cest huis ouvrez.
  Le premier fil
Qui est la, qui ? Pére, souffrez,
Seez vous quoy ; g'iray savoir
Qui c'est. Demandez vous avoir 1285
 Du charbon, sire ?
  Le roy
Tantost le te saray a dire.
Biau filz, puis que descendu sui,
Dieu soit ceens ! je vueil meshui
 Ceens gesir. 1290

LE CHARBONNIER

Treschier sire, vostre plaisir
Ferons : nous y sommes tenuz.
Vous soiez le tresbien venuz;
De vous servir metterons paine.
1295 Sainte Marie ! qui vous maine,
Sire, a ceste heure?

LE ROY

Je le vous diray sanz demeure :
Un sanglier ay hui tant chacié
Que j'ay toutes mes gens laissié
1300 Et me sui ou bois esgaré,
Tant ay fort le sanglier haré,
Et sanz li prendre.

LA CHARBONNIÉRE

Renier, faites moy voir entendre
Qui est cest homme.

LE CHARBONNIER

1305 Dame, par saint Pierre de Rome,
C'est le roy nostre chier seigneur.
Honneur li faites la greigneur
Que vous pourrez.

LE PREMIER FIL

Sire, voz esperons dorez
1310 Vous vueil oster.

DEUXIESME FIL

Vezci biau surcot, sanz doubter;
Mon frére, esgarde : di je voir?
Par m'ame, j'en vouldroie avoir
Un tel pour moy.

TROISIESME FIL

1315 Si feroye je, par ma foy :
Je le vestiroie demain.
Quelle chose est c'en vostre main,
Sire, si belle ?

148 b

LE CHARBONNIER

Chascun donray une onquielle,
Se de li vous n'alez en sus. 1320
Vous estes trop ennuyeux : sus !
 Fuiez de ci.

LE ROY

Preudon, seuffre, pour Dieu merci :
Voir plus de trente ans a entiers
Qu'enfans ne vi si voulentiers 1325
 Com ceulx ci voy.

LE CHARBONNIER

Sire, je me tays dont tout coy,
Puis qu'i prenez esbatement.
Je ne doubtoie vraiement
Fors qu'il ne vous fust a grevance 1330
Et que n'eussiez desplaisance
 De ce qu'il font.

LE ROY

Nanil, que pour certain ilz sont
Si gracieux c'on ne peut miex :
D'eulx regarder ne puis mes yeux 1335
 Saouler assez.

LA CHARBONNIÉRE

Treschier sire, en paiz les laissiez ;
Venez soupper, s'il vous agrée :
La viande est toute aprestée
 Que mangerez. 1340

LE ROY

Dame, ce que vous me donrez
 En gré prendray.

LA CHARBONNIÉRE

Nappe blanche vous estendray,
Chier sire : elle vauldra un mès.
Je tien qu'en gré prendrez huimais 1345
Ce qui sera appareillié.
Onques mais n'oy le cuer si lié

Conme j'ay de vostre venue,
Et g'y sui par raison tenue
1350 Que j'en aie joye sanz faille.
Tien, mon filz, tien ceste touaille;
Et toy a laver li donras
A ce pot que li verseras
  Dessus ses mains.

PREMIER FIL

1355 Si con le dites, plus ne mains,
  Bien le feray.

LE ROY

Puis qu'il est prest, laver yray.
Versez. Dieu vous face preudomme,
Biau filz, et saint Pierre de Romme !
1360   Ho ! il souffist.

LE CHARBONNIER

Certes, onques mais tant n'en fist;
Prenez en gré, sire, pour Dieu.
Sa ! seés vous, sire, en ce lieu :
  C'est vostre place.

LE ROY

1365 Voulentiers, puis qu'il fault que face
  Cy mon souper.

LE CHARBONNIER

Onques mais n'eustes son per,
Chier sire, ce croy vraiement.
Dame, a mangier appertement
1370   Cy apportez.

LA CHARBONNIÉRE

Tantost; un po vous deportez.
 Tenez, Renier.

LE CHARBONNIER

C'est bien fait. Ça ! je vueil tranchier *148 d*
Devant vous, sire : c'est raison
1375 Sanz doubte. Vezcy un oison
  Fin, gras et tendre.

LE ROY
Puis qu'il est si bon, j'en vueil prendre;
Mais avant l'essay en ferez :
Ce morcel ici mengerez
    Premiérement. 1380
    LE CHARBONNIER
Chier sire, par conmandement
    Le mengeray.
    LE ROY
Ce morsel ci essaieray ;
Et puis j'en diray mon avis.
Il est tresbon, je vous plevis : 1385
    J'en vueil mengier.
    LE CHARBONNIER
Or avant, sire, sanz dangier:
Il fu né en ceste maison;
Et vezci de ma garnison,
Quant vous plaira, dont buverez; 1390
Maishui point d'autre vin n'arez,
Car je n'en pourroye finer
Qu'il ne me faulsist cheminer
    Troys liues loing.
    LE ROY
Hostes, tout est bon au besoing. 1395
De moy point ne vous esmaiez.
Versez. Ho! tenez : esssaiez,
    Puis buveray.
    LE CHARBONNIER
Treschier sire, j'obeiray
    A vostre vueil. 1400
    LE ROY
Versez, sus! cesti boire vueil;
Mais il en y a trop petit,
Et cest oison m'a appetit
    Donné de boire.

LE CHARBONNIER

1405 Chier sire, ce fait bien a croire.
Tenez, or buvez en santé.
Pour ce qu'apris l'ay et hanté
Me semble il bon.

LE ROY

Hostes, je vous tien pour preudon,
1410 Qui garniz estes de tel vin;
Il est sain et net, cler et fin.
Sa! vin. Assez.

LA CHARBONNIÉRE

Treschier sire, huymais vous passez
De tel qu'il est, pour l'amour Dieu;
1415 Car il n'y a ci entour lieu
Ou point d'autre l'en recouvrast
Pour denier nul c'on en donnast,
Je vous promet.

LE ROY

Biaux hostes, il est bon et net
1420 Et me souffist, soiez ent fis;
Mais je demande ou sont ces filz,
Pour saint Amant.

LA CHARBONNIÉRE

Vez les la. Ça! passez avant
Touz trois or tost sanz detriance,
1425 Et faites ici contenance :
L'un lez l'autre vous acostez,
Et ces chapperons jus m'ostez ;
Ne fait pas froit.

LE ROY

M'amie, ostez de ci endroit :
1430 J'ay pris assez ci mon repas.
Biaux hostes, ne me mentez pas :
Qui sont ces enfans? Sanz mentir,
Le cuer ne me peut assentir
Qu'onques vous les engendrissiez

Ne que leur droit pére fussiez 1435
Ne que du corps de vostre femme
Soient nez; je vous jur par m'ame,
   Ne le puis croire.
     LE CHARBONNIER
Treschier sire, une chose voire
Vous diray, se Dieu me doint joie : 1440
De Sarragoce m'en venoie,
Bien a douze ans ou environ,
Ou j'avoie vendu charbon.
Quant un pou fu dedans ce bois,
De ces enfans oy les vois, 1445
Qui sus un po d'erbe gisoient;
Et tien que noviaux nez estoient.
Je ne sçay s'ilz ont nulz amis;
Mais couchiez estoient et mis
L'un delez l'autre touz envers 1450
Et de feuchiére assez couvers.
Et quant je les oy crier,
Je m'en alay sanz detrier
Par assens de leur voiz, et ting
Le chemin si qu'a eulz droit ving, 1455
Si les trouvay con dit vous ay;
Par pitié les en apportay,
Si les fis touz trois baptizier;
Et puis tantost, pour eulz aisier,
Quis a chascun une norrice, 1460
Dont je ne me tien point a nice,
Combien qu'il m'aient grant argent
Cousté, ce scévent pluseurs gent;
Et depuis qu'il furent sevrez
Les ay norriz et alevez : 1465
Pour ce m'appellent il leur pére.
Diex vueille que briément m'appére
Que savoir puisse de certain
S'ilz ont pére, mére, n'antain!

1470 Car se le pouoie savoir,
Grant joie en aroye pour voir.
Egar! sire, plorer vous voy.

Cy s'agenoulle.

Pour Dieu merci, pardonnez moy
S'encontre vostre majesté
1475 J'ay fait ne dit, qu'en verité
Nul mal n'y pense.

LE ROY

Nanil ; mais j'ay en remambrance
Un fait qui pour ce temps advint,
Duquel ains puis ne me souvint
1480 Que de pitié je ne plorasse.
Sa! je vueil que sanz pluz d'espace
Ces enfans soient avoiez
Et qu'eulx et toy me convoiez
Tant que je soie en Sarragosse.
1485 La vous feray je, par saint Josce,
Don bel et grant.

149 c

LE CHARBONNIER

Treschier sire, de cuer engrant
Feray vostre conmandement.
Sa! enfans, trestouz alons ment ;
1490 Par ce bois le roy conduirons
Et le droit chemin le menrons
De Sarragosse.

LE PREMIER FIL

Pére, se prune ne beloce,
Poires, pommes, frèses ne nois
1495 Truis en alant aval ce boys,
J'en mengeray.

LE CHARBONNIER

Saches, biau filz, bien le voulray.
Or tost! a voie nous fault mettre.
Sire, alons par ce sentier destre ;
1500 Je le conseil.

LE ROY
Alez devant; suivre vous vueil,
Mon ami chier.

DEUXIESME CHEVALIER
Sire, je lo qu'alons treschier
Par le bois haies et buissons,
Tant que le roy trouver puissons 1505
En quelque part.
PREMIER CHEVALIER
Alons, sire; car il m'est tart,
Certes, que je l'aie veu.
Ou a il ore ennuit jeu?
G'y pense moult. 1510
DEUXIESME CHEVALIER
Je ne scé; mais c'est ce que doubt.
S'il n'a trouvé aucun recet
Ou ait esté, par m'ame c'est
Pour prendre une grant maladie :
Si que je ne scé que j'en die 1515
Tant que le voye.
PREMIER CHEVALIER
Venir le voy par celle voye,
Et avec li le charbonnier.
Avançons nous, mon ami chier,
D'aler a li. 1520
DEUXIESME CHEVALIER
Sire, n'y a de nous celui
Que n'aiés fait plourer des yeux.
Par saint George, j'amasse mieux
Qu'a conmencer fust ce deduit.
Avez gardé ce bois ennuit? 1525
Je croy qu'oil.
LE ROY
Biaux seigneurs, souffrez vous; nanil.
Ici endroit plus ne parlons;

Mais a mon hostel en alons
1530   Sanz plus ci estre.
PREMIER CHEVALIER
Alons, de par le roy celestre.
Aussi est ce, si com moy semble,
Le miex; car la pourrons ensemble
    Assez parler.
LE ROY
1535 Grossart, ne te fault pas d'aler,
Ne toy, Rigaut, estre faintiz;
Vous deux m'alez querre Bethiz,
Que ma mére fist damoiselle;
Dites li qu'elle soit ysnelle
1540 D'un po venir parler a moy,
Et que ce doit que ne la voy
    Plus que ne fas.
PREMIER SERGENT
Treschier sire, g'y vois bon pas,
    Sanz plus ci estre.
DEUXIESME SERGENT
1545 A voie avec vous me vueil mettre,
Puis que conmandé l'a li roys :
Honte me seroit et desroys
    Se n'y aloye.
PREMIER SERGENT
Savez de son hostel la voie?
1550   Dites, Rigaut.
DEUXIESME SERGENT
Oil, Grossart, ou qui le vault.
Alons par ceste rue ensemble.

Egardez, Grossart : il me semble
    Que la la voy.
PREMIER SERGENT
1555 Vous dites voir, par saint Eloy;
Vous la congnoissez bien : c'est elle.

Bethis, Dieu vous gart, damoiselle,
Et ame et corps !
LA DAMOISELLE
Et il vous soit misericors
Quant besoing en arez, Grossart ! 1560
Dites me voir, se Dieu vous gart :
Quel vent vous boute ?
DEUXIESME SERGENT
Bethis, vous le sarez sanz doubte :
Le roy si vous envoie querre,
Si que venez a li bonne erre ; 1565
Et nous deux avec vous irons
Et compagnie vous ferons,
Ma chiére amie.
LA DAMOISELLE
De dire que je n'yray mie,
Seigneurs, n'est pas m'entencion. 1570
Alons men sanz dilacion :
Plus n'atendez.

PREMIER SERGENT
Vezci Bethiz que demandez,
Sire, qui ne s'est point tenue
Qu'a vous ne soit si tost venue 1575
Conme elle nous a oy dire
Que vous l'envoiez querre, sire,
Par entre nous.
LE ROY
Damoiselle, bien veigniez vous.
Levez la main ; sur sains jurez 1580
Que verité vous me direz
De ce que vous demanderay,
Et je vous convenanceray
Ja de pis ne vous en sera,
Mais sui qui vous pardonnera 1585
Toutes vos males façons quittes,

Se pure verité me dites;
Et se mentez, sachiez de voir,
Je vous feray du corps avoir
  Grant vilenie.
   La damoiselle
Chier sire, pour perdre la vie,
Certes, point ne vous mentiray;
Mais de tout ce que je saray
  Vous diray voir.
   Le roy
Je vueil que me faciez savoir
Conment ma mére se porta
Quant ma femme Osanne enfanta;
Car veoir ne puis par raison
Que faicte n'y fust traison.
  Quy y estoit?
   La damoiselle
Certes, chier sire, il n'y avoit
Que ma dame a l'enfantement
Vostre mére tant seulement,
Et je qui la estoie aussi.
Mais, sire, aiez de moy merci :
Bien voi, s'il vous plaist, je sui morte
Se la verité vous enorte
  Et la vous euvre.
   Le roy
Hardiement la me descuevre;
Et je te jure, par ma foy,
Tu n'en aras ja mal par moy,
  Je te promet.
   La damoiselle
Sire, en vostre merci me met.
Je vous dy qu'a celi termine
Et a ce jour que la royne
Traveilla et dubt enfanter,
Elle ot si griefs maulx, sanz doubter,

150 c   Que je ne scé conment les pot
Endurer, fors que Dieu le volt;
Et ce ne fu mie merveille,   1620
C'onques je ne vi sa pareille;
Car de trois filz se delivra,
Et moult de paine nous livra :
Moult longuement pasmée jut
C'onques ne bouja ne ne mut,   1625
Ne mot, com fust morte, ne dit.
Lors vostre mére sanz respit
Me conmanda les enfans prendre
Et qu'en l'eure sanz plus attendre
Dedans la forest les portasse,   1630
Et la touz trois les estranglasse,
Et puis les couvrisse de terre ;
Et je qui oi doubte d'aquerre,
Chier sire, s'indignacion,
Les trois filz sans dilacion   1635
Pris et ou boys les emportay
Ne d'aler ne me deportay
Tant que je ving a la houssoye ;
La m'arrestay je toute coye,
Et la mettre a mort les cuiday ;   1640
Mais ainsi que les regarday,
Il me conmencérent a rire ;
Lors a moy meismes pris a dire :
« Voir, je seray bien hors du sens,
Se fas mal a ces ynocens   1645
Qui me rient et belle chiére
Me font. Retourneray j'arriére
A tous? Nanil, ci les lairay,
De feuchiére les couverray. »
Ainsi le fis, si les laissay ;   1650
Mais qu'il en fu puis je ne sçay.
Tant vous di je ma chiére dame
La royne, dont Diex ait l'ame

A tort a souffert mort amére
1655 Par l'envie de vostre mére,
Certes, chier sire.
LE CHARBONNIER
Certainement je puis bien dire,
Seigneurs, que vez les ci touz trois,
Car je vous jur par ceste croys,
1660 Lorsque de terre les levay,
Lez la houssoie les trouvay,
Si les ay volu pourveoir,
Tant qu'enfans sont biaux a veoir :
Je n'en doy pas, si com me semble,
1665 Pis valoir; entre vous ensemble
Qu'en dites vous ?
PREMIER CHEVALIER
Vous dites voir, mon ami doulx;
N'est pas raison.
DEUXIESME CHEVALIER
Vraiement, sire, ce n'est mon ;
1670 Ains en devera miex valoir,
Et je croy que c'est le voloir
Du roy aussi.
LE ROY
Preudon, de ce n'aies souci :
Ce qu'as fait bien te renderay;
1675 Car saches du mien te donray
Tant, ains que soit tier jour entier,
Que plus ne te sera mestier
De charbon vendre.
LE CHARBONNIER
Tout le bien vous vueille Dieu rendre
1680 Que me ferez!
LE ROY
Touz les jours a despendre arez
Dix livres : c'est le premier point;
A ce ne faulderez vous point;

Après de mes gens vous feray,
Robes et chevaulx vous donrray 1685
Et autres biens.

PREMIER CHEVALIER

Preudom, pour riche homme te tiens
Dès ores mais.

LE MESSAGIER

Parler me fault a vous huymais,
Chier sire; nouvelles apport : 1690
Sachiez que Sarrasins au port
Sont arrivez, sire, de Bance,
De Parpignen et de Valance
Et jusques au port de Gironde,
Et sont tant que c'est un grant monde; 1695
A brief, on ne les peut nombrer.
Au pais font grant encombrer,
Par armes le veulent acquerre.
Ou il fault, sire, que la terre
Veigniez mettre d'eulx a delivre 1700
Et que tost bataille on leur livre,
Ou il fault que les gens se rendent
Sanz plus; vostre response attendent.
Vezci les lettres du pais;
Trop forment sont d'eulx envaiz 1705
De jour en jour.

LE ROY

Messagier, sanz faire sejour
Revas t'en, je le te conmans;
Dy aux bonnes gens que leur mans
Que tant con pourront se deffendent, 1710
Et que seurement m'attendent :
Ne leur faudray a ce besoing,
Mais dedans quinsaine au plus loing
A eulx seray.

LE MESSAGIER

Ce message bien vous feray; 1715
A Dieu, chier sire!

Le roy

Seigneurs, il fault que je m'atire
A aler deffendre ma terre
Que Sarrazins veulent conquerre
Se n'y mez reméde et secours.
Je vueil que par les quarrefours
Soit crié que nul ne remaingne
Que tantost après moy ne veigne;
Je dy de ceulx qui aage aront
Et qui armes porter pourront.
Alez me querre sanz detri
Pille avoine, qui a tel cri
Faire est commis.

Deuxiesme sergent

Vez me la, sire, a voie mis ;
Ne fineray tant que l'amaine.
Je le voy la. Sa! Pille avoine,
Le roy vous mande que crier
Alez partout sanz detrier
Que touz ceulx qui aront puissance
D'armes porter sanz detriance
Voisent en l'ost.

Pille avaine

Sire, je le feray tantost :
De ce mie ne vous doubtez.

Petiz et grans, or escoutez :
Le roy si vous fait assavoir
Sarrasins sont venu, pour voir,
Dessus sa terre a grans effors :
Si mande a touz, feibles et fors,
Que tantost sanz dilacion
Le suivent; car s'entencion
Si est que bataille leur livre,
Par quoy le pais en delivre.
Et qui mettera en detri
D'aler après li puis ce cri

En la merci sera du roy : 1750
Si vous mettez touz en conroy
 Ysnellement.

 DEUXIESME SERGENT
Quant vous plaira, sire, alons ment.
 Le cri est fait.
  LE ROY
Seigneurs, pour ce que de ce fait 1755
Dieu me vueille donner victoire
A mon honneur et a sa gloire,
Je li fas un veu et promesse
Que se la victoire m'adresse,
Si tost que conquis les aray, 1760
Au saint sepulcre m'en iray
 Com pelerin.
 LE PREMIER CHEVALIER
Sire, mettons nous a chemin
 D'aler, se pouons, a Valance ;
Car certainement j'ay fiance 1765
Que Dieu victoire nous donrra
Et les paiens desconfira
 Du tout en tout.
  LE ROY
Se Dieu plaist, d'eulx venrons a bout.
Alons men, sus ! sanz delaier, 1770
Et sanz nous de riens esmaier :
 C'est nostre miex.
 DEUXIESME CHEVALIER
Alons. Or nous conduie Diex
 En ce voyage.

 L'OSTELLIER
Je vous vueil dire mon courage, 1775
Ma femme, escoutez m'un petit ;

Pieça que j'ai en appetit
    De le vous dire.
            L'OSTELLIÉRE
Dites ce qui vous plaira, sire :
Voulentiers vous escouteray,
N'a riens je ne contrediray
    Qui bon vous semble.
            L'OSTELLIER
Il n'a ci que nous deux ensemble :
Si vous demande vostre avis.
D'Osanne que vous est avis,
    Par vostre foy?
            L'OSTELLIÉRE
Sire, par la foy que vous doy,
Ne la devons en riens blamer,
Mais la devons touz deux amer;
Car grant bien le jour nous avint
Qu'elle ceens demourer vint.
Pour quoy le me demandez, sire ?
S'il vous plaist, veuillez le me dire,
    Je vous em pri.
            L'OSTELLIER
Je le vous diray sanz detri.
Je me voy un homme, quel? un
Sanz fille ne sanz filz nesun ;
Et si n'ay pas laissié passer
Le temps sanz des biens amasser,
Et s'ay fait po de bien pour Dieu,   *151 d*
Si que, quoyque je soie au lieu
Ou Jhesus souffri passion,
Je vous dy c'est m'entencion
D'aler jusqu'a Romme la grant ;
Pieça en ay esté engrant :
Et pour ce me vueil ordener
Et mes biens Osanne donner
Touz, et d'elle faire mon hoir ;

　　　　　Car, dame, il me semble pour voir
　　　　　　Qu'el le vault bien.　　　　　　1810
　　　　　　　L'OSTELIÉRE
　　　　Vostre entencion bonne tien,
　　　　Mon seigneur, car la creature
　　　　Si a touz jours mis paine et cure
　　　　A les garder songneusement
　　　　Et a nous servir bonnement,　　　1815
　　　　Et les hostes qu'avons eu
　　　　Si benignement receu
　　　　Que ceens l'un l'autre envoioit
　　　　Pour le bien qu'en elle on voioit;
　　　　Et puis que n'avons nulz enfans,　1820
　　　　Et il a ja plus de douze ans
　　　　Que sanz loier nous a servi,
　　　　C'est droit qu'il li soit desservi.
　　　　Dieu merci, nous avons assez :
　　　　Mais, puis qu'a Romme aler pensez,　1825
　　　　S'il vous plaist, avec vous yray,
　　　　Et ma part des biens li lairay
　　　　Aussi que li laissez la vostre,
　　　　Si que dame sera du nostre,
　　　　Se trespassons en ce voyage;　　　1830
　　　　Et je la scé de tel courage
　　　　Qu'elle pas ne les retenra,
　　　　Mais des aumosnes en fera
　　　　　　Pour nous assez.
　　　　　　　L'OSTELLIER
　　　　Dame, se vous la mer passez,　　1835
　　　　J'ay doubte que mal ne vous face ;
　　　　Car nulz a paine ne la passe
　　　　Qu'il ne faille qu'il mette hors
152 a　Par vomite ce qu'a ou corps
　　　　　　Jusqu'au cler sanc.　　　　　1840
　　　　　　　L'OSTELLIÉRE
　　　　Tant conme j'aie ami si franc

Conme vous ne me doubteray ;
La paine trop bien porteray,
   Ne vous doubtez.
      L'OSTELLIER
Il convient donc (or m'escoutez)
Que de ceci nous li parlons
Avant que nous nous en alons
Et que nous li en façons lettre,
Ou autrement y pourroit mettre
   Juge la main.
      L'OSTELLIÉRE
Faisons l'annuit ains que demain,
   Sire, pour Dieu.
      L'OSTELLIER
Nous alons en un po de lieu,
Osanne ; de ci ne mouvez :
Si vient gent, si les recevez,
   M'amie chiére.
      OSANNE
Voulentiers, sire, a liée chiére,
   Bien et a point.
      L'OSTELLIÉRE
Voire, nous ne demourrons point ;
   Tost revenrons.
      L'OSTELLIER
Dame, de ci nous en irons
Droit a maistre Pierre le Page :
Il est homme subtil et sage,
Et s'est tabellion de Romme ;
Nostre fait li dirons en somme,
Et instrument nous en fera
Et si le nous apportera
   Fait et signé.
      L'OSTELLIÉRE
Ne scé s'il a ore digné
   En sa maison.

L'OSTELLIER
Ce sarons sans arrestoison.
Bien va : a son huis le voy estre.
Alons !

Dieu vous doint bon jour, maistre !
Il nous faulsist que, sanz eslongne,
Nous feissiez un po de besongne   1875
    Que vous diray.
LE TABELLION
Dites, et je la vous feray
    Sanz demourée.
L'OSTELLIER
Moy et ma femme avons pensée
D'aler a Romme, se Dieu plaist,   1880
Mais de ce ne quier faire plait ;
Si voulons une lettre avoir
Par laquelle nous ferons hoir
De noz biens et dame planiére
Osanne, nostre chamberiére,   1885
Par quoy nulz n'y puist debat mettre.
Vous m'entendez assez bien, maistre,
    Quant en ce cas ?
LE TABELLION
C'est voir, ne vous en doubtez pas ;
Un instrument vous en feray   1890
Bon et bel, que vous porteray
    Ja : souffist il ?
L'OSTELLIÉRE
C'est bien dit, maistre Pierre, oil.
Or soit, nous vous attenderons,
Et de vous congié prenderons   1895
    Pour maintenant.
LE TABELLION
Alez, je vous enconvenant
    A vous iray.

L'OSTELLIER

Bien est, et je vous paieray
1900 Si con direz tresvolentiers,
Si qu'il n'y fauldra point de tiers
Entre nous estre.

L'OSTELLIÉRE

Nous avons donc fait. A Dieu, maistre!
Ralons men, sire.

L'OSTELLIER

1905 Aussi le vouloie je dire.
Or sus, marchiez.

L'OSTELLIÉRE

Voulentiers, sire, ce sachiez,
Legiérement.

L'OSTELLIER

N'avons pas demouré granment
1910 La ou esté, Osanne, avons;
Je croy que bien tost revenons :
Qu'en dites vous?

OSANNE

Il me semble, mon seigneur doulx,
Ce n'avez mon, en verité;
1915 En quel lieu avez puis esté,
Pour Dieu merci?

L'OSTELLIER

Dame, seez vous lez moy ci.
Je le te diray, or entens :
J'ay en voulenté de long temps
1920 D'aler jusqu'a Romme requerre
Saint Pierre pour pardon acquerre,
Et avec moy venra ta dame;
Et pour ytant que bonne fame
T'avons trouvé, coye et taisant
1925 En nostre service faisant,
Et loyal, si com m'est advis,

Nous te laissons pour indivis
Touz les biens que pouons avoir
Et te faisons seule nostre hoir,
Et de ce te baillerons lettre 1930
Pour toy miex en saisine mettre
Tant de meubles con d'heritages.
Or pense conment par suffrages,
Par aumosnes, messes, priéres,
Et par biens faiz d'autres maniéres 1935
Tu faces tant que nous puissons,
Se de ce siecle trespassons,
Venir au repos de lassus
Et de purgatoire estre ensus
  Et Dieu veoir. 1940

Osanne

Je vous promet d'y pourveoir,
S'il est que faire le conviengne,
Laquelle chose pas n'aviengne;
  Et grans merciz.

Le tabellion

Diex y soit! Je vous voy assis : 1945
Ho! ne vous mouvez de vostre estre.
Je vous apporte vostre lettre;
  Sire, tenez.

L'ostellier

C'est bien fait, tout a point venez.
Or ça, combien en paieray? 1950
Dites, et je le paieray
  Voulentiers, voir.

Le tabellion

Je n'en puis mains d'un franc avoir :
  C'est bon marchié.

L'ostellier

A tant m'estoie je chargié; 1955
  Tenez, mon maistre.

LE TABELLION
En bon an vous vueille Dieu mettre!
Ailleurs m'èn vois.
L'OSTELLIÉRE
Il me semble homme assez courtoys,
En nom de moy.
L'OSTELLIER
Dame, il est bon sire, par foy.
Vezci ta lettre, Osanne, tien.
Ore, se nous te faisons bien,
Fai nous aussi.
OSANNE
Mon seigneur, la vostre merci.
Certainement j'en feray tant
Qu'estre en deverez pour contant
Quant revenrez.
L'OSTELLIÉRE
Pour ce que vous bien le ferez
Et que nous y fions, m'amie,
Vous laissons nous, n'en doubtez mie,
Tout en vos mains.
L'OSTELLIER
C'est voir, dame; il n'i a pas mains.   *153 a*
Ore de ce plus ne parlons;
Delivrez vous, si en alons
Nostre voyage.
L'OSTELLIÉRE
Je le feray de bon courage.
C'est fait. Dites par amour fine,
Semble j'estre bien pelerine
En cest estat?
L'OSTELLIER
Oil. Sus! sanz plus de debat
Alons nous ent: il en est heure.
Osanne, a Dieu! Hé! dia, ne pleure
Point après nous.

OSANNE

Si feray voir, mon seigneur doulx ; 1985
Certes tenir ne m'en pourroie.
Souffrerez vous que vous convoie
  Mille ne pas?
  L'OSTELLIER
Nanil voir, je ne le vueil pas ;
  Demeure, toy. 1990
  OSANNE
Certes, sire, ce poise moy.
Puis qu'ainsi est, alez a Dieu !
Or me fault penser de ce lieu
Gouverner le miex que pourray.
Decheoir pas ne le lairay ; 1995
Mais de maintenir l'ostellage,
Com l'ai fait puis douze ans d'usage,
  C'est bien m'entente.

  LE ROY
Seigneurs, ralons men sanz attente
En mon palays, dont nous partismes 2000
Quant en ces parties venismes
Pour les des Sarrasins deffendre,
Et faites venir sanz attendre
Les menestrez : pour nous deduire
Et pour nous a joie conduire 2005
Feront mestier, je le vueil, voire,
Pour l'amour de la grant victoire
  Qu'avons eue.
  DEUXIESME SERGENT D'ARMES
Querre les vois sanz attendue.
Avant, seigneurs ! touz en conroy 2010
Vous mettez de venir au roy :
De tost venir chascun se paine.
Vezci les menestrez qu'amaine,

Mon treschier sire.
LE PREMIER CHEVALIER
2015 Sus! faites mestier, sanz plus dire,
Pour le peuple esmouvoir a joie,
Et en alez par ceste voie
Sanz plus ci estre.
LE ROY
Biaux seigneurs, je ne doy pas mettre
2020 En obli le veu que j'ay fait :
Ce seroit trop vilain meffait.
La victoire qu'avons eue
N'est pas, certes, de nous venue,
Mais de Dieu : ainsi je le tien ;
2025 Vezci pour quoi : vous savez bien
N'avons pas esté deux a paine
Encontre bien une douzaine.
Et il est voir que je promis
A Dieu, se de noz ennemis
2030 Pouoie la victoire acquerre,
Que prier l'iroie et requerre
Au saint sepulcre et mercier,
Si que mon veu sanz detrier
Vueil acomplir, je vous promez ;
2035 Ne d'errer ne fineray maiz
Tant qu'au lieu soie, que je sache,
Ou Dieu fu batuz en l'estache
Et ou il souffri passion ;
Et aussi est m'entencion,
2040 Mes enfans, que vous y veigniez
Et compagnie me tiengniez.
Le ferez vous?
LE PREMIER FIL
Oil, mon treschier seigneur, nous
Touz trois irons.
DEUXIESME CHEVALIER
2045 Entre nous pas ne vous lairons ;

  Au mains g'iray.
   PREMIER CHEVALIER
Treschier sire, et je si feray,
  Sachiez de voir.
   PREMIER SERGENT
Certes, se n'y devoie avoir
Que pain et yaue pour mon vivre,   2050
Se Dieu santé du corps me livre,
  Si yray je.
   DEUXIESME SERGENT
Mon treschier seigneur, si feray je,
  Mais qu'il vous plaise.
   LE ROY
Bien est ; chascun en paix se taise.   2055
Alez me Pille avaine querre :
Il a esté en mainte terre,
  Ce me dit on.
   PREMIER SERGENT
Treschier sire, g'y vois.

    Sa mon !
Sa ! Pille avaine, sa ! bonne erre,   2060
Le roy si vous envoie querre,
  Qui vous demande.
   PILLE AVAINE
Si iray de voulenté grande.

  Que vous plaist, sire ?
   LE ROY
Pille avaine, j'ay oy dire   2065
Qu'avez veu mains lieux sauvages
Et si savez plusieurs langages,
S'avez en mainte terre esté.
De passer mer ay voulenté,
Si vous vueil avec moy mener   2070
Et nouvel office donner :

Forrier vous fas de prendre hostiex
Pour moy et pour mes gens; car miex
Le ferez, ce tien a mot court,
Que nul autre home de ma court :
Pour ce le di.

PILLE AVAINE

Chier sire, pas ne vous desdi :
Je m'en vois donc sanz plus attendre
Hostiex pour vous et voz gens prendre,
Es quiex meshui descenderez,
Sire, et vous y reposerez
Jusqu'a demain.

LE ROY

Seigneurs, en loing pais vous main :
Toutes noz aises pas n'arons;
Prenons tout ce qu'avoir pourrons
En souffisance.

DEUXIESME CHEVALIER

Il le fault, sire, sanz doubtance,
Et est raison.

LE VALET ESTRANGE

N'est ce pas ici la maison,
Dites, m'amie, a un preudomme
Qui va, li et sa femme, a Romme,
Et qui a chamberiére avoit
Une qu'Osanne on appelloit,
Ce dient il ?

OSANNE

Mon ami, bien veigniez, oïl ;
Tenez pour certain je sui celle.
Pour Dieu merci, quelle nouvelle
Me direz d'eulx ?

LE VALET

Dame, trespassez sont touz deux,

Ce vous fas je bien assavoir ; 2100
Se ne creés que die voir,
Vezci lettres que vous apport
Conment a l'issue d'un port
Qui est en Chipre trespassèrent ;
Mais avant leur mort m'alouérent 2105
Pour vous ces lettres apporter
Et pour vous dire et ennorter
Qu'acomplissez vostre promesse,
Pour quoy Dieu les giet de tristesse
Et mette es cieulx. 2110

OSANNE

154 a Certes, j'en feray tant que Diex
Gré m'en sara.

LE VALLET

S'il ont bien, miex vous en sera.
Dame, je n'en vueil plus parler,
Mais a Dieu ! je m'en vueil raler 2115
Dont je vien, dame.

OSANNE

Le corps vous sauve Diex et l'ame,
Mon ami chier.

PILLE AVAINE

Seigneurs, sanz vous longues preschier,
Tenez pour vray comme evangille 2120
Que vous ne venrez mais en ville
Que n'entrez en Jerusalem.
Je vous y vail un drugeman,
Pour ce que j'entens bien latin
Et que je parle sarrasin 2125
Et turquien.

LE PREMIER CHEVALIER

Loez soit Diex : or nous va bien,
Quant nous avons si bien marchié

Que tant en sommes approuchié
2130   Conme tu dis.
    Le roy
Or t'en va bellement tandis
Qu'après toi bellement irons,
Savoir ou nous habergerons;
  Delivres toy.
    Pille avaine
2135 Treschier sire, g'y vois, par foy.

Dame, se voulons hebergier
Ceens, nous pourrez vous aisier
De vivre et de lis pour dis hommes
Qu'en une compagnie sommes?
2140   Qu'en dites vous?
    Osanne
Oil, certes, mon ami doulx;
Et si pourrez dire, sanz guille,
Qu'ou meilleur hostel de la ville
  Serez logiez.
    Pille avaine
2145 Bien est, de ci ne vous bougiez :
En l'eure a vous retourneray.

Mon chier seigneur, je vous diray
J'ay pris pour vous hebergerie
En la meilleur hostellerie
2150 Qui soit en toute la cité,
Ce m'a l'en dit pour verité.
  Venez vous ent.
    Premier chevalier
Alons avant, premiérement,
Sire, au temple Dieu gracier
2155 Et devotement mercier :
  Il l'esconvient.

Deuxiesme chevalier
Mais de raison il appartient
A tel seigneur conme vous estes.
Va tendis, pren les plus honnestes
Chambres et les plus agreables, 2160
Fay faire liz et mettre tables
 Pour le diner.
Pille avaine
De ce saray je bien finer;
 G'y vois le cours.
Le roy
Avant! alons nous en touz jours 2165
Tant qu'au temple puissons venir;
Nule part ne me vueil tenir,
 Tant que soie ens.
Le premier sergent
Mon chier seigneur, entrez ceens :
Vezci le temple tout ouvert, 2170
Et sur l'autel a descouvert
 A des reliques.

Le roy
Doulx Jhesus, qui es es cantiques
Appellé l'espoux et l'ami
Des saintes ames, quant en my 2175
Ton saint temple je me voi estre,
Je t'en merci, doulx roy celestre,
Et de touz les autres biens faiz
C'onques me fis et que me fais
De jour en jour et sanz cesser. 2180
Ha! sire, vueillez adresser
Mes euvres ça jus telement
Que ce soit a mon sauvement.
Ici vueil m'oroison finer.
Seigneurs, temps est d'aler diner; 2185
Demain ci endroit revenrons,

Se Dieu plaist, et messe y orrons.
Alons nous ent.

DEUXIESME SERGENT

De vous desdire n'ay talent,
Par sainte Helaine.

PREMIER CHEVALIER

Je voy ça venir Pille avaine
Conme homme appert.

PILLE AVAINE

Vostre viande si se pert,
Mon seigneur : le penser laissez.
Seigneurs, de venir l'avancez;
Avant, avant!

DEUXIESME CHEVALIER

Nous alons; vaz touz jours devant
Jusques a l'uis.

PILLE AVAINE

Si fas je tant conme je puis;
N'ay talent de moy ci tenir.

Dame, vezci noz gens venir
Trestouz ensemble.

OSANNE

Au mains, sire, a ce le me semble
Que touz vous suivent.

PILLE AVAINE

Je vous promet que pas ne cuident
Estre si bien conme ilz seront,
Quant en leurs chambres se verront.
Chier sire, vous serez ceens.
Avant, seigneurs, entrez touz ens,
S'alez a table.

PREMIER SERGENT

Pour estre au roy plus agreable
Voulray servir.

Deuxiesme sergent

Aussi feray j' et desservir,
   Quant temps sera.

Le roy

Entre vous touz chascun sera 2215
A ma table hui a ce diner.
Sa! de l'iaue, sa! pour laver,
   Ains qu'a table aille.

Premier sergent

Tantost, sire, en arez sanz faille
   Bien largement. 2220

Osanne

Biau sire Diex, merci! conment
Me cheviray, n'en quel arroy
Me mettray je? Vezci le roy
D'Arragon, moult bien le congnois
Et a sa chiére et a sa vois. 2225
Certes, morte sui si m'avise :
Mais en ma chambre en telle guise
Me vois lier d'un cuevrechief
Et couvrir ma face et mon chief
Qu'il pourra bien assez muser 2230
Avant qu'il me puist aviser
   Ne recongnoistre.

Premier sergent

Lavez, sire ; que Diex acroistre
   Vous vueille en grace !

Le roy

Seigneurs, je vueil que l'en me face 2235
Cy venir mon hoste et m'ostesse
Pour diner : ce seroit simplesce
S'avecques moy ne les avoye.
Pille avaine, or tost, met t'a voie
   D'aler les querre. 2240

Pille avaine

Vostre conmant feray bonne erre,

Sire ; mais n'arez que la dame.
　　　Le roy
Pour quoy ?
　　　Pille avaine
　　　　Pour ce qu'est veuve fame ; *155 a*
　Dit le vous ay.
　　　Le roy
2245　Ne m'en chaut, non ; va sanz delay,
　　Fai la venir.

　　　Pille avaine
　Dame, sanz vous plus ci tenir,
　Mon seigneur vous prie et vous mande
　Qu'avecques li de sa viande
2250　　Venez diner.
　　　Osanne
　En l'eure vien de desjuner,
　Et si me faut garder ici.
　Dites li la seue merci
　　Mie n'iray.
　　　Pille avaine
2255　Sy ferez, car je vous diray
　Il vous en sara tresmal gré,
　Se n'i venez ; mais soit secré
　　Ce que vous di.
　　　Osanne
　Sire, g'iray donc, puis ce dy
2260　Qu'il m'en pourroit mal gré savoir.
　Ne vueil pas sa haine avoir :
　　Sa donc ! g'y vois.

　　　Le roy
　M'ostesse, sa ! pour ceste fois
　Je vueil que seez devant moy ;
2265　Car quant femme a ma table voy,
　　J'en sui plus aise.

Osanne

Sire, je vous pri qu'il vous plaise
Que pas n'i siesse.

Le roy

Vous serrez, voir, aussy grant piéce
Con nous ; n'en faites ja dangier. 2270
Or avant ! pensez de mangier,
Et faites bonne chiére, dame.
Conment avez nom, par vostre ame ?
Dites le moy.

Osanne

Servante, sire, en bonne foy, 2275
Pour ce que voulentiers je sers
Grans et petiz, et frans et sers ;
Servante ay non.

Le roy

C'est pour vous un noble renom
Et dont miex valoir vous devrez. 2280
Egar ! dame, pour quoy plorez,
Se Dieu vous voie ?

Osanne

Certes, sire, morir voulroie
Quant me souvient de mon mari,
Qui mors est : pour ç'ay cuer marri, 2285
Je n'en puis mais.

Le roy

Je n'en parleray, dame, huymais :
Je voy que n'estes pas en joye ;
De vostre corrouz il m'annoye,
Si ne vous peut il que grever. 2290
Avant ! apportez a laver ;
Ostez de ci.

Deuxiesme sergent

Tantost, chier sire. Ça ! vezci
Tout prest : lavez.

LE ROY

2295　Tempré ceste yaue bien avez.
Versse, verse. Diex! qu'elle est bonne!
Or avant a m'ostesse en donne.
　　Lavez, m'ostesse.

OSANNE

Combien qu'en mes mains n'ait pas gresse,
2300　Sire, feray vostre conmant;
Mais cel annel mettray avant
　　Cy devant moy.

LE ROY

Dame, cest annel que ci voy
Vous plaira il a le me vendre?
2305　Dites, m'amie, sanz attendre :
S'il vous plaist, je l'achateray,
Et sachiez je vous en donray
　　Plus qu'il ne vaille.

OSANNE

Sire, je vous pri, ne vous chaille
2310　De le plus ainsi barguignier;
Car pour amour d'un chevalier,
Qui le m'a, sire, en verité,
Donné (et en ceste cité
Encore est), je le garderay;
2315　Ja, certes, ne le venderay
　　Jour de ma vie.

LE ROY

Dont il li vint ne sçay je mie;
Mais une foiz je le donnay
Une dame que moult amay,
2320　Qui de cest siecle est trespassée.
En paradis soit repassée
De gloire avec les sains son ame,
Car c'estoit une vaillant dame;
Mais ma mére par traison
2325　La fist morir et sanz raison,

       Qui par haine un trop lait fait
       Li mist sus que n'avoit pas fait,
       Et faulcement m'en enorta.
       Et vous dy bien qu'elle porta
       Neuf mois entiers et sanz sejour   2330
       Ces trois filz, et touz en un jour
       Les enfanta la bonne et belle.
       Certes, quant il me souvient d'elle,
       Le cuer tant me serre et destraint
       Qu'a plorer sui forment contraint.   2335
       Haa ! Osanne, treschiére suer,
       Pour vous souvent, m'amie, au cuer
            Grant douleur sens.
            OSANNE
       Ho ! sire roys, je vous deffens
       Le plourer; ne le puis souffrir.   2340
       A descouvert vous vueil offrir
       Ma face et a vous touz ensemble.
       Sui j'Osanne ? que vous en semble ?
            Dites le moy.
            LE ROY
       Chiére amie, quant je vous voy,   2345
155 d Je sui hors de doleur amére.
       Mes enfans, vezci vostre mére :
       N'en peut de nul estre blasmée.
       E ! Diex, de pitié s'est pasmée.
       Osanne, ma treschiére amie,   2350
       A moy baisier ne laissiez mie.
            Ne scé se m'ot.
            LE PREMIER CHEVALIER
       Sire, elle ne peut dire mot
       Tant de joie com de pitié ;
       Laissiez la tant, par amistié,   2355
            Qu'a soy reviengne.
            LE ROY
       Ne peut estre que plus me tiengne

De la baisier et acoler.
Ma suer, sanz vous plus adoler,
2360 Parlez a moy.

OSANNE

Ha! mon treschier seigneur le roy,
Assez ay eu paine amére
Sanz cause et tout par vostre mére :
Vous le savez.

LE ROY

2365 C'est voir, dame, et vous en avez
Esté vengée tellement
Que Dieu de son vray jugement,
Qui rent a chascun son merite,
La fist morir de mort sobite,
2370 Et devint son corps aussi noir
Conme arrement, je vous dy voir.
Ore plus ci n'arresterons;
Mais a joie vous en menrons
En Arragon, qu'est nostre terre.
2375 Faites me tost venir bonne erre
Les menesterez qui joueront,
Ou mes clers qui bien chanteront,
Tandis qu'en irons nostre voie.
Onques mais je n'o si grant joie,
2380 N'en doubte nulz.

DEUXIESME CHEVALIER

Vez lez ci ou sont ja venuz.
Alons tout droit par ce sentier.
Avant, seigneurs! faites mestier
Pour nous esbatre.

Icy jeuent les menesterez, et s'en va le jeu.

EXPLICIT

TABLE

		Pages.
XXIX. — Miracle de la fille du roy de Hongrie		1
XXX. — Miracle de saint Jehan le Paulu, hermite		89
	Serventoys couronné	147
	Serventoys estrivé	149
XXXI. — Miracle de Berthe		153
	Serventois	252
XXXII. — Miracle du roy Thierry		257

Le Puy, typ. et lith. de Marchessou fils, boulevard Saint-Laurent, 23

Publications de la Société des anciens textes français. *(En vente à la librairie* Firmin Didot et Cⁱᵉ, *56, rue Jacob, à Paris.)*

Bulletin de la Société des anciens textes français (années 1875, 1876, 1877, 1878, 1879, 1880)........................... (Ne se vend pas).

Chansons françaises du xvᵉ *siècle,* publiées d'après le manuscrit de la Bibliothèque nationale de Paris, par Gaston Paris, et accompagnées de la musique transcrite en notation moderne par Auguste Gevaert (1875). 18 fr. 75

Les plus anciens Monuments de la langue française (ɪxᵉ, xᵉ siècles), publiés par Gaston Paris. *Album* de neuf planches exécutées par la photo-gravure (1875)... 30 fr.

Brun de la Montaigne, roman d'aventure, publié pour la première fois d'après le manuscrit unique de Paris, par Paul Meyer (1875)............... 5 fr.

Miracles de Nostre Dame par personnages, publiés d'après le manuscrit de la Bibliothèque nationale de Paris, par Gaston Paris et Ulysse Robert. t. I à V (1876, 1877, 1878, 1879, 1880), le vol................... 10 fr.

Guillaume de Palerne, publié d'après le manuscrit de la bibliothèque de l'Arsenal à Paris, par Henri Michelant 1876).................... 10 fr

Deux Rédactions du roman des Sept Sages de Rome, publiées par Gaston Paris (1876)... 8 fr.

Aiol, chanson de geste publiée d'après le manuscrit unique de Paris, par Jacques Normand et Gaston Raynaud (1877)..................... 12 fr.
(Ouvrage couronné par l'Académie des inscriptions et belles-lettres.)

Le Débat des Hérauts de France et d'Angleterre, suivi de *The Debate between the Heralds of England and France, by* John Coke, édition commencée par L. Pannier et achevée par Paul Meyer (1877)........... 10 fr.

Œuvres complètes d'Eustache Deschamps, publiées d'après le manuscrit de la Bibliothèque nationale, par le marquis de Queux de Saint-Hilaire, t. I et II (1878, 1880), le vol....................................... 12 fr.

Le Saint Voyage de Jherusalem du seigneur d'Anglure, publié par François Bonnardot et Auguste Longnon (1878)............................ 10 fr.

Chronique du Mont-Saint-Michel (1343-1468), publiée avec notes et pièces diverses par Siméon Luce, t. I (1879)............................ 12 fr.

Elie de Saint Gille, chanson de geste, publiée avec introduction, glossaire et index, par Gaston Raynaud, accompagnée de la rédaction norvégienne traduite par Eugène Koelbing (1879)................................ 8 fr.

Daurel et Beton, chanson de geste provençale, publiée pour la première fois d'après le manuscrit unique appartenant à M. A. F. Didot, par Paul Meyer (1880)... 8 fr.

Le Mistére du Viel Testament, publié avec introduction, notes et glossaire, par le baron James de Rothschild, t. I et II (1878, 1879), le vol.. 10 fr.
(Ouvrage imprimé aux frais du baron James de Rothschild et offert aux membres de la Société.)

Tous ces ouvrages sont in-8º, excepté *Les plus anciens Monuments de la langue française,* album grand in-folio.

Il a été fait de chaque ouvrage un tirage sur papier Whatman. Le prix des exemplaires sur ce papier est double de celui des exemplaires en papier ordinaire.

Les membres de la Société ont droit à une remise de 25 p. 100 sur tous les prix ci-dessus.

www.ingramcontent.com/pod-product-compliance
Lightning Source LLC
Chambersburg PA
CBHW060453170426
43199CB00011B/1183